Die auf dem Umschlag abgebildete Marmorgruppe des italienischen Bildhauers Gian Lorenzo Bernini (1598–1680) stellt Apollo und Daphne dar. Das Original steht im Museum der Villa Borghese in Rom.

Der Liebesgott Cupido durchbohrt nach der von Ovid mitgeteilten Fassung der Sage das Herz des Sonnengottes Phoebus Apollo mit dem spitzen Goldpfeil des Verlangens und schießt einen zweiten, stumpfen Pfeil mit bleiernem Schaft auf die Nymphe Daphne, eine Tochter des Flußgottes Penëus. In den Worten Ovids*: «Liebte der eine sogleich, die andre flieht schon beim Worte / ‹Lieben›, freut sich allein, wie die unvermählte Diana.» «Phoebus liebt, sieht Daphne, begehrt sich mit ihr zu vereinen ... Doch flüchtger als Windhauch / Eilt sie davon ... So jagen dahin in Hoffnung und Furcht der Gott und die Jungfrau.» In höchster Not ruft die Nymphe: «‹Vater›, so ruft sie, ‹hilf! Wenn Macht einem Flußgott gegeben / Wandle, verdirb die Gestalt, durch die zu sehr ich gefalle!› / Kaum hat so sie gefleht, da ergreift eine Starre die Glieder; / Zäher Bast umspinnt das Fleisch des geschmeidigen Leibes; / Wie als Blätter die Haare, so wachsen die Arme als Zweige; / Eben so schnell noch, haften in steifen Wurzeln die Füße; / Wipfel nimmt ein das Gesicht. Ein Glanz nur bleibt über allem. / Phoebus liebt sie noch jetzt; er legt an den Stamm seine Rechte; / Fühlt das Herz der Geliebten noch schlagen unter der Rinde; / Und es umschlingt sein Arm wie Glieder die Zweige, mit Küssen / Deckt er das Holz; und es weicht noch jetzt zurück vor den Lippen.»

* Publius Ovidius Naso (43 v. Chr.–17 n. Chr.): «Metamorphosen», in deutsche Hexameter übertragen von Erich Rösch. München (Heimeran) 9. Auflage 1980, 29–35.

Wolfgang Schmidbauer

Die Angst vor Nähe

Rowohlt

Umschlaggestaltung Werner Rebhuhn unter Verwendung eines Bildes von der Marmorgruppe «Apollo und Daphne» von Gian Lorenzo Bernini aus den Jahren 1622–1624 (Rom, Villa Borghese)

1.–65. Tausend März 1985 bis Oktober 1986
66.–73. Tausend September 1987

Satz Garamond (Linotron 202)
Gesamtherstellung Clausen & Bosse, Leck
Printed in Germany
ISBN 3 498 06177 1

Inhalt

Vorwort

Go away from my window,
go at your own chosen speed.
I am not the one you want, babe.
I am not the one you need.
You say you are looking for someone
never weak but always strong,
to protect you and defend you
whether you are right or wrong,
someone to open each and every door.
But it ain't me, babe,
no, no, no it ain't me, babe,
it ain't me you are looking for, babe.*

Bob Dylan

Der Song von Bob Dylan drückt etwas aus, was man in einer Abwandlung des Goetheschen «Zeitgeists» ein Zeitgefühl nennen könnte. Der Sänger von 1968 wird zu einem Gegentyp des schmachtenden Don Juan, der unter dem Balkon seiner Angebeteten ein Liebeslied singt:

«Deh! vieni alla finestra, o mio tesoro
Deh, vieni a consolar il pianto mio.
Se neghi a me di dar qualche ristoro,
Davanti agli occhi tuoi morir vogl' io.**

* Geh von meinem Fenster, geh so schnell du kannst. Ich bin nicht der, den du willst, Baby, ich bin nicht der, den du brauchst. Du sagst, du suchst nach einem, immer stark und gar nie schwach, der dich schützt und verteidigt, ob du im Recht bist oder nicht, der dir alle Türen öffnet. Aber ich bin's nicht, nein, nein, nein, ich bin's nicht, ich bin nicht der, nach dem du Ausschau hältst, Baby.

** Lorenzo da Ponte/W. A. Mozart: Don Giovanni, II, 16.: «O komm

Der Liebhaber mit der Mandoline, der nur darauf wartet, die Geliebte in seine Arme zu schließen – und auf der anderen Seite der Mann, der eine Frau von seinem Fenster wegschickt, weil er das Empfinden hat, er könne nie und nimmer ihren Ansprüchen gerecht werden. In ihm erstarrt alles zu Stein, wenn er eben jenes Leuchten in den Augen einer Frau sieht, das Don Giovanni mit allem Schmelz seiner Stimme zu entzünden sucht.

Man mag antworten, daß dem von seinen Groupies umschwärmten Star in den Schoß fällt, wofür Don Giovanni hart arbeiten muß. Kein Wunder, daß Bob Dylan Mauern aufrichtet, wo Don Giovanni sich bemüht, Hindernisse zu überwinden. Aber damit ist noch nicht erklärt, wie der Rückzug aus den intimen Beziehungen zustande kommt, der zu einem so verbreiteten Phänomen geworden ist. Die Zahl der Familien ist – um nur ein Beispiel zu nennen – in Bayern seit 1972 um 19 Prozent zurückgegangen. Familien mit Kindern sind sogar um 30 Prozent seltener geworden. Während sich 1960 nur 6944 Ehepaare scheiden ließen, waren es 1982 116538. Der Weg zur kalifornischen Scheidungsquote von zwei Dritteln aller geschlossenen Ehen ist nicht mehr weit. Die Appelle der Familienminister werden ihn nicht beeinflussen. Die stärkste Zunahme zeigt die Zahl der Ein-Personen-Haushalte: Sie stieg in den letzten zehn Jahren in Bayern um 37 Prozent auf über eine Million Menschen.

Aus solchen Entwicklungen läßt sich ein ähnlicher Trend hochrechnen wie aus dem Ansteigen der Alkoholiker in der Bevölkerung. Wenn es so weitergeht, dann dauert es noch gut hundert Jahre, und die eine Hälfte der Menschen in diesem Land besteht aus Singles, die andere aus Trinkern; nicht wenige sind beides zusammen. Solche Prognosen unterstreichen freilich eher ein gegenwärtiges Problem, als uns Aufschluß über

ans Fenster, o mein Schatz. O komm und stille meine Schmerzen. Verweigerst du mir deinen Trost, will ich vor deinen Augen sterben.»

die Zukunft zu geben. Zudem bleiben sie abstrakt. Die Vielfalt einzelner Schicksale, die verwickelten Motive, aus denen Menschen allein leben oder sich in einer Fassaden-Beziehung allein fühlen, bleibt außerhalb der Überlegung.

Ich will in diesem Buch die Angst vor Nähe als individuelles und als gesellschaftliches Problem untersuchen. Sie soll aus dem üblichen Schema – «die Männer halten eben den emotionalen Ansprüchen der emanzipierten Frauen nicht stand» – befreit werden, ohne daß der Bezug zum persönlichen Schicksal verlorengeht. Nähe ist das, was zwischen Menschen entsteht, die beisammen sind und nichts gegen sie tun. Das heißt: sie ist ganz einfach. Die Vermeidung von Nähe hingegen setzt hochentwikkelte innerseelische und parallel dazu gesellschaftliche Strukturen voraus. Die Darstellung verleugnet nicht, daß meine Erfahrungsbasis die Praxis der psychoanalytischen Arbeit ist. Ich will Zusammenhänge verdeutlichen, indem ich sie immer wieder aus verschiedenen Blickwinkeln betrachte und an neuem Material beschreibe. Der fruchtlose Verschiebebahnhof von «die Eltern sind schuld» zu «die Gesellschaft ist schuld» zu «die Männer sind schuld» soll stillgelegt werden zugunsten einer Denkpause, in der eine Weile keiner schuld ist und alle beteiligt.

Widmen möchte ich das Buch jenen Menschen, die mit mir über ihre Lebensgeschichte und ihre Beziehungsschwierigkeiten gesprochen haben. Ohne sie wäre es nicht möglich. Ich wünsche mir von ihnen, daß sie mir verzeihen, wenn sie nicht gut finden, was sie jetzt über sich lesen. Eine schriftliche Darstellung verliert viele Einzelheiten, die in einer persönlichen Beziehung unentbehrlich sind. Sie wirkt kälter, zumal ich meiner Neigung zur Ironie die Zügel schießen lasse, wenn ich schreibe. Ich hoffe, daß die Betroffenen an das Wohlwollen meiner Absichten glauben, auch wenn sie mit Einzelheiten unzufrieden sind.

W. S.

Vorwort zur überarbeiteten 5. Auflage

Es hat mich sehr gefreut, daß dieses Buch soviel Aufmerksamkeit gefunden hat. In relativ kurzer Zeit mußten vier Auflagen gedruckt werden. Ich habe den Text noch einmal überarbeitet, Satzfehler und stilistische Mängel verbessert. Auch die Fallgeschichten wurden, zum Teil in Zusammenarbeit mit den Betroffenen, korrigiert. Ich bedanke mich noch einmal an dieser Stelle für Lob und Ermutigung von seiten vieler Leserinnen und Leser, die mir geschrieben haben. Der Kontrast solcher Reaktionen zu einigen aggressiv-ablehnenden Besprechungen vermittelt mir den Eindruck, daß das Buch intensive, ambivalente Gefühle auslöst. Eine der bissigsten Rezensentinnen schrieb mir später in einem persönlichen Brief, sie hätte wohl aus eigener Betroffenheit so ablehnend reagiert, und lud mich zur Mitarbeit in der von ihr redigierten Zeitschrift ein. Eine andere Rezensentin bricht in den Ruf aus: «Das darf doch nicht wahr sein!» (Eva Dane, Psychologie heute, 9/1985). Es ist immer eine persönliche Wahrheit, die in einer psychoanalytischen Untersuchung gefunden werden kann. Diese persönliche Aussage so zu formulieren, daß sie andere ergreift und ihnen mehr Einsicht in eigenes und fremdes Erleben ermöglicht, war meine Absicht. Daß ich dabei auch Haß ernten würde, habe ich nicht vorausgesehen, verstehe es aber inzwischen. Wut über enttäuschte Erwartungen ist nicht nur in emotionalen Beziehungen ein zentrales Thema, sondern auch in der Reaktion auf ihre genaue Beschreibung.

W. S.

Einleitung

> Die Liebe vom Zigeuner stammt...
> liebst du mich nicht,
> bin ich entbrannt.
>
> Bizet, *Carmen*

Man begegnet oft Menschen, die einsam sind und darunter leiden. Dem Außenstehenden scheinen sie anziehend. Er kann das Rätsel nicht lösen, warum dieser Mann oder diese Frau ohne feste Bindung lebt und darüber unglücklich ist. Wer sie näher kennenlernt, entdeckt bald, daß eine seltsame Schicksalsmacht ihr Leben zu bestimmen scheint. Sie können mögliche Partner, die sie begehren und mit ihnen leben wollen, nicht lieben. Hingegen beschäftigen sie sich mit Hingebung und großem Kraftaufwand mit Personen, die sie auf Abstand halten, eine gemeinsame Zukunft nur als vages Versprechen, als abgehobene Phantasie anbieten, jedoch im Alltag eindeutig keine feste Gemeinsamkeit wollen. Wie im klassischen Ballett intime Berührungen trotz großer Harmonie der Bewegungen ausbleiben, scheint der immer wieder gefundene Abstand durch geheimes Einverständnis geschaffen. Eine Frau hat aus einer früheren Beziehung eines oder mehrere Kinder. Ein Mann ist verheiratet. Beide stellen dritte Personen wie eine isolierende Schicht zwischen sich und die mögliche Bindung. In anderen Fällen ist es der Beruf, der so viel Zeit und Aufmerksamkeit erfordert, daß für die persönlichen Beziehungen scheinbar nicht Zeit und Kraft genug übrigbleiben. Eine geplante Weltreise (die nie angetreten wird), Drogenprobleme, Sport, eine Weiterbildung und selbst eine Psychoanalyse werden als Gründe verwendet, um Beziehungen auf Abstand zu halten, Nähe zu verweigern.

Genauere Betrachtung mag diese Gründe als Vorwände entlarven. In die Enge getrieben, gibt der Betroffene endlich zu, daß er «Angst vor Nähe» hat. Dieser Ausdruck ist in der psychologisch aufgeklärten Mittelschicht durchaus üblich. Begriffe wie «der schizoide Charakter» sollen ihn verdeutlichen. Viel gewonnen ist damit nicht. Den schizoiden Charakter zeichnet eben seine Angst vor Nähe aus.

Die hier beschriebene Angst vor Nähe hat mit einer anderen Schwierigkeit zu tun, die oft in Beziehungen auftaucht. Gemeint ist jene Situation, in der zwei Menschen zusammen leben und nach außen als fest verbundene Partner auftreten. Sie streiten sich darüber aber fast jeden Tag, wobei häufig die Drohung laut wird, sich zu trennen. Sie steigert sich gelegentlich zu der Aussage, es sei viel besser, wenn man den Partner nie kennengelernt hätte. Weil aber über die Trennung ebensowenig Einverständnis hergestellt werden kann wie über die Bindung, muß weiter gestritten werden. In vielen Fällen ist die Trennung nicht Teil der offenen Auseinandersetzung, spielt aber in der Phantasie eine wichtige Rolle. Einer der Partner zieht sich zurück und stellt sich vor, wie gut es wäre, wenn er endlich frei sein könnte, unbelastet vom Partner.

Wie kommt es, daß sich Menschen so quälen und sich doch nicht trennen oder – wie im ersten Fall – binden? Daß die ersehnte Geborgenheit unerreichbar bleibt, die Beziehungen nur Mühe, Enttäuschung, vergebliche Leistung zu enthalten scheinen? Ich vermute, daß die Ursachen tiefer reichen als in kindliche Schicksale. Wenn Eltern ihre Kinder nicht als ganze Personen annehmen können, sondern nur als funktionierende Teile einer Familienmaschine, die Teil der großen gesellschaftlichen Maschine ist, dann halte ich es für kurzsichtig, sich mit einer Analyse dieser Familienmuster zufriedenzugeben. Sie sind sehr wichtig, weil sich in ihnen der abstrakte, so oft als vage Ausrede verwendete Aspekt einer «Schuld der Gesellschaft» unmittelbar und sinnlich fassen läßt. Aber das Familienmodell von Beziehungsstörungen ist gefährlich. Es täuscht Täter und Ursachen vor, wo nur Opfer und Zwischenglieder am Werk waren. Es weckt therapeutische Hoffnungen, die durch einen kurzen Blick auf die Beziehungen der Therapeuten selbst auf ein realistisches Maß zurückgerückt werden müssen. Eheberater und Familientherapeuten geben manchmal vor, sie könnten «Beziehungsprobleme lösen», wo sie doch im besten Fall erreichen, daß die Partner mit diesen Problemen *leben* können. Freud hat von dem «gewachsenen Fels» gesprochen, an dem die analytischen Grabinstrumente nicht weiterkommen.*

Mir scheint, daß das biologische Modell Freuds ebenso wie das Familienmodell der neueren Psychotherapieformen mit einem grundlegenden Vorgang der Industrialisierung verglichen werden muß: Natur, auch menschliche Natur wird zum Gegenstand technischer Bewältigung. Die Folgen sind durch psychoanalytisches Eingreifen oft nicht mehr veränderbar. Das eine «biologische» Ursache zu nennen, schreibt das Leiden der Betroffenen ihrer Natur zu, nicht dem verstümmelnden Einfluß, welcher Frauen und Männer in Wut, Angst und gegenseitigen Neid treibt. Die Aufblähung und Überschätzung der intimen und persönlichen Liebe zwischen zwei Menschen mag dann zu einem ebenso guten Heilmittel werden wie die Inflation des Geldes in den Industriegesellschaften.

Zu Beginn der Industrialisierung haben kritische Beobachter mit Entsetzen gesehen, wie Menschen zu Rädchen im Getriebe großer Maschinen wurden, auswechselbar, in ihrer Funktion festgelegt. Diese Maschinen sind durch das Entsetzen, durch

* Die endliche und die unendliche Analyse, Ges.W. XVI, S. 99: «Man hat oft den Eindruck, mit dem Peniswunsch und dem männlichen Protest sei man durch alle psychologische Schichtung hindurch zum ‹gewachsenen Fels› durchgedrungen und so am Ende seiner Tätigkeit. Das muß wohl so sein, denn für das Psychische spielt das Biologische wirklich die Rolle des unterliegenden, gewachsenen Felsens.»

die Suche nach Erklärungen und durch das Streben nach Veränderung bisher kaum menschlicher geworden. Im Gegenteil: Manches spricht dafür, daß sie immer größer, immer mächtiger werden, daß sie die Freizeit erfassen und die Netze der Hardware durch jene der Software erweitern. Pflanzer kolonisieren den Urwald, Missionare die Indianer, Forscher die Antarktis und den Weltraum, Pädagogen die Kindheit und Psychotherapeuten die Intimsphäre.

Ich möchte zeigen, wie die Angst vor Nähe zwangsläufig entstehen muß, wenn die Anpassung an technische Zwecke wichtiger wird als die natürliche Vielfalt von Gefühlen und Beziehungen. Sobald die öffentlichen Umgangsformen zur Fassade oder zum Konsum von Schau-Emotionen erstarren, kann die zwischenmenschliche Liebe die Last nicht mehr tragen, welche die entmutigten, verstümmelten einzelnen ihr aufbürden. Der an die Maschine Angepaßte ist ernsthaft behindert, aktiv zu lieben. Desto mehr will er geliebt werden. Sein Partner ist oft ebenso angepaßt, ebenso passiv bedürftig. So klammern sich zwei Schwimmer aneinander, von denen jeder glaubt, daß er ohne die Hilfe des anderen ertrinken muß. Wieviel auch der Maschine geopfert werden mußte – der Partner soll dafür entschädigen. In die Armut der Freizeit soll er Reichtum bringen. Er soll das eigene Leid an der Wirklichkeit einfühlend begleiten. Ich biete mich dir zur Kolonisation, zur Ausbeutung an – wenn du mir versprichst, daß auch ich dich kolonisieren und ausbeuten darf! Kein Wunder, daß es schon zum Sprachgebrauch gehört, «in eine Beziehung zu investieren», daß «die Beziehung gut funktioniert» oder «wieder nicht klappt».

Ich will versuchen, diese Andeutungen im folgenden durch Beispiele zu belegen und theoretisch zu vertiefen. Meine Methode ist dabei psychoanalytisch im klassischen Sinn. Die genial einfache Idee Freuds, seelisch gestörte Menschen alles sagen zu lassen, was ihnen in den Sinn kommt, hat bis heute nichts von ihrer Faszination und Gültigkeit verloren. Ich sehe die Psychoanalyse als qualitative Sozialforschung. Weit mehr als bezahlte oder anders für Forschungsinteressen gewonnene Menschen sind die Klienten des Psychotherapeuten bereit, sich über die Hintergründe ihrer Erlebnisse und Verhaltensweisen Gedanken zu machen, über ihre Einfälle zu sprechen. Meine Fallbeispiele sind durch die Änderung persönlicher Daten, durch Verdichtungen und Auslassungen verschlüsselt. An die Stelle der maschinenmäßigen Objektivität der quantitativen Forschung versuche ich eine an der Beziehung zwischen Untersucher und Untersuchungsgegenstand, Analytiker und Klient orientierte Betrachtung zu setzen. Es geht also auch darum, meine eigenen Gefühle, meine Gegenübertragung mit einzubeziehen. Das heißt keineswegs, daß ich die Leistungen der quantitativen Forschung in der Psychologie geringschätze. Ich finde es wichtig, ihre Inhalte und Grenzen zu kennen, um zu wissen, wann ich in tiefes Wasser gerate.

1 Der Kampf um Nähe

Ich brauche nicht die Hoffnung
um zu beginnen, noch den Erfolg,
um fortzufahren.

Wilhelm von Oranien
zugeschrieben

Das Zitat ist kriegerisch, das Bild der Kämpfer ist es oft auch. Das angestrebte Ziel sind Friede und Harmonie. Es bleibt unerreichbar, scheint sich wie die trügerischen Luftspiegelungen in der Wüste in nichts aufzulösen, wenn man erwartet, es mit einer letzten Anstrengung zu erreichen. «Beziehungsschwierigkeiten» sind sicherlich der häufigste Anlaß geworden, psychotherapeutische Hilfe zu suchen. Sie treten in den Diagnosen zurück, weil es sich um keine Krankheit im Sinn der Reichsversicherungsordnung handelt. Wer genauer untersucht, was die Depression, die Angstzustände oder die psychosomatischen Leiden ausgelöst hat, findet fast immer Einsamkeit, Trennungen, die vergebliche Suche nach Nähe und Geborgenheit. Klienten wünschen sich, vor allem, wenn sie aus der gebildeten Mittelschicht kommen, oft unmittelbar eine Verbesserung ihrer Kontakte. Therapeuten geben angesichts einer Trennungskrise zu bedenken, daß ohne ihre Hilfe die nächste und übernächste Beziehung zum Scheitern verurteilt sei.

Die Klienten glauben, daß ihnen zu einer guten Beziehungsfähigkeit etwas *fehlt*. Sie müssen etwas Neues haben, müssen die Fähigkeit zur Partnerschaft erwerben. Was in einer Therapie geschieht (wenn nicht nur eine neue Karosserie für die alte Störung entworfen wird), geht in eine andere Richtung. Die

Klienten erkennen, daß sie etwas loswerden müssen. Sie sehen, wieviel sie gerade in ihrer Suche nach einer ständigen Verbesserung ihrer Beziehungen *gegen* Nähe und Kontakt tun. Ein Vergleich mit kleinen Kindern ist hier nützlich. Die Unbefangenheit, mit der sie aufeinander zugehen und sich auch wieder trennen, beruht darauf, daß sie Gefühle ausdrücken, die sie bereits haben und nicht erst in einem Partnerschaftstraining erwerben müssen. Der Einsame, der Verlassene – sie alle tun etwas *gegen* Kontakt und Nähe. Oft ist es ihnen nicht bewußt oder führt ein Schattendasein am Rand ihrer Aufmerksamkeit.

Beate kommt einige Jahre nach dem Zerbrechen ihrer Ehe in Therapie. Sie hat das Gefühl, steckenzubleiben, unfähig zu neuen Beziehungen zu sein. Sie stammt aus einem großbürgerlichen Haushalt, war die letzte Tochter von fünf Kindern, von denen der erste Sohn viel älter war als sie. Zu Hause hat sie sich immer überflüssig und ungeliebt gefühlt. Sie kann sich nicht erinnern, mit der Mutter jemals offen gesprochen zu haben. Der Vater nahm sie manchmal auf Spaziergänge mit. Das war sehr schön. Zu Hause aber «verriet» er sie, weil er sich nicht auf ihre Seite stellte, wenn die Mutter schimpfte. Mit zwanzig Jahren lernte sie einen Studenten kennen, der ihr einsam und hilflos schien. Sie fühlte sich gebraucht, ja unentbehrlich und heiratete ihn kurze Zeit später. Sie gab ihre früheren Freunde auf, zog die beiden Kinder groß und kümmerte sich aufopfernd um ihren Mann, der nicht lernen und kein Examen machen konnte. Nach zehnjähriger Ehe verwandelte sich die Beziehung zu dem Ehemann. Sie konnte ihn nicht mehr ertragen, als sie sehen mußte, daß er nie die gemeinsamen Ziele erreichen, die Prüfung absolvieren und sie entlasten würde. Die Scheidung war ein langer, erbitterter Kampf, der fünf weitere Jahre dauerte. Es kam vor, daß der Ehemann, nachdem sein Anwalt einen besonders gemeinen Brief verfaßt hatte, bei einem persönlichen Treffen sagte, er würde sofort wieder mit ihr zusammen leben. Sie war dann fassungslos über soviel Verlogenheit.
Zu Beginn der Therapie fühlte ich mich oft überflüssig und ärgerlich. Sie berichtete von den Prozessen und den Schriftsätzen ihres früheren Mannes. Sie beschimpfte ihn wegen seiner Betrügereien und sich selbst, weil sie immer wieder darauf hereinfalle. Ich versuchte ihr zu

vermitteln, daß möglicherweise die Lösung ihrer Schuldgefühle und Versagensängste nicht in dem Kampf mit dem Prozeßgegner liege, sondern in dem Bereich neuer Beziehungen, außerhalb der gescheiterten Ehe. Ich hatte das Gefühl, daß sie die Klagen und Kämpfe um die gescheiterte Beziehung wie eine Mauer zwischen mich und sich schob. Die Aggressionen gegen diesen Lügner und Betrüger, aber auch die Klagen über ihre Dummheit und Unfähigkeit gaben mir das Gefühl, wie ein Kriegsberichterstatter zwischen feindliche Linien geraten zu sein, Aggressionen abzukriegen, die mich nicht inhaltlich meinten, emotional aber doch trafen. Einmal wehrte ich mich damit, daß ich sagte, ich sei kein Jurist, und ich wisse gar nicht mehr, was ich für sie tun könne, es gehe ihr doch immer nur darum, wer jetzt recht behalte. Eine Weile kämpfte Beate noch mit immer neuen Rechtfertigungen und Erklärungen. Endlich fing sie an zu weinen. Ich war berührt, aber auch schuldbewußt. Ich hatte das Empfinden, zu weit gegangen zu sein. Allmählich verbesserte sich unsere Beziehung: Ich ging mehr auf ihre Kämpfe ein, während sie allmählich anfing, von ihren Erlebnissen außerhalb der Kämpfe vor dem Familiengericht zu sprechen.

Jetzt wurde das Näheangst-Bild deutlicher. Ich hatte es mir schon angewöhnt, immer dann, wenn ein Klient ausführlich über seine fruchtlosen Bemühungen berichtete, abweisende, unzuverlässige Partner endlich für sich einzunehmen, nach einem ganz anderen Bereich zu suchen: Was geschah, wenn der Klient nicht mehr in imaginären, schier psychochirurgischen Eingriffen versuchte, die Flucht aufzuhalten, sondern selbst geliebt und begehrt wurde? Auch Beate fielen, nachdem sie sich zunächst als einsam und verschmäht darstellte, die vielen zudringlichen Männer ein, die nach der Scheidung etwas von ihr gewollt hatten. Selbstverständlich konnte keiner ihr Herz gewinnen. Sie hatte sie auch schon fast vergessen, schien es für eine unmoralische Zumutung zu halten, überhaupt an sie zurückzudenken. Ich will im folgenden die Inhalte der Angst vor Nähe an dem Fallbeispiel Beates verdeutlichen:

1. Das Streben nach Leistung und Kontrolle. Bedingung für Beates Beziehungen scheint zu sein, daß sie etwas tun, sich anstrengen, etwas machen kann und muß. «Was soll ich jetzt machen? Ich sehe ja schon, daß es so nicht geht. Aber ich weiß nicht, was ich machen soll!» So fragt sie in nachdenklichen Augenblicken. Beide Sätze – «Was soll ich machen» und «ich weiß nicht» sind kennzeichnend für die Näheangst. Sie drücken aus, daß es sehr schwierig ist, den Bereich zu verlassen, in dem das Machbare, Gewußte vorherrscht. An dieser Stelle wird auch deutlicher, weshalb Menschen wie Beate immer nur den Partner zu sehen scheinen, nur über ihn sprechen: Er ist der Gegenstand kontrollierter Aktivität. Indem an ihm gearbeitet, über ihn nachgedacht, er verändert wird, soll die eigene, im dunkeln liegende Gefühlssituation beeinflußt werden. Die eigene Aktivität wird in kontrollierbaren, bewußten Handlungen gesehen. Gefühle werden als Antwort auf die Handlungen des Partners erlebt. Das Bild des Partners wird nicht durch die eigenen Gefühle festgehalten, sondern durch Aktionspläne, Maßnahmen, Überlegungen, weshalb er sich so und nicht anders verhält.

2. Die Sehnsucht nach Gleichheit. Von dem griechischen Bildhauer Pygmalion erzählt die Sage, daß er aus Elfenbein ein Bild der Venus verfertigte, in das er sich so sterblich verliebte, daß die Göttin aus Erbarmen mit seiner Verzweiflung der Gestalt Leben einhauchte. Die Sehnsucht, einen idealen Partner zu finden, mit dem man verschmelzen und damit das unsichere, eigene Selbstgefühl ein für allemal befestigen kann, steht hinter den Anstrengungen und Mühen, mit denen zahlreiche Pygmalions an ihren Partnern schnitzen. Meist verletzen sie diese dabei, aber der gute Zweck scheint allemal die Mittel zu rechtfertigen. Beate will das ideale Bild eines Mannes schaffen, der eigentlich eine männliche Beate ist. Sie heiratet einen schwachen, abhängigen Partner, der noch unfertig scheint, für den sie viel tun kann. Sie gibt ihre bisherigen Interessen und Freunde auf und widmet sich ganz der Aufgabe in der Hoffnung, wenn er endlich so geworden sei, wie sie ihn braucht, werde er ihr diese aufopfernden Mühen vergelten und sich ebenso um sie bemühen. Die Wirklichkeit widerspricht dieser Erwartung. Je mehr sie in der Beziehung macht, sich sorgt und kümmert, desto passiver wird der Mann. Als endlich die Aussichtslosigkeit der Bemühungen deutlich wird, schlägt die Zuversicht in Verzweiflung, der Wunsch nach Verschmelzung in ein intensives Bedürfnis nach Trennung um. Sie wirft den Mann, an dem sie so lange so hart gearbeitet hat, hinaus. Aber auch in ihrer Verarbeitung des Scheidungsprozesses wird deutlich, daß sie große Schwierigkeiten hat, ihren Mann realistisch wahrzunehmen. Sie weiß zum Beispiel, daß er zu jeder Lüge bereit ist, um Vorteile für sich herauszuschlagen. Aber jede neue Lüge macht sie fassungslos und verwirrt sie so, als sei sie die erste. Jedesmal beteuert sie, sie könne das einfach nicht verstehen. – Ergänzend ist zu sagen, daß dieser Mann (den ich nicht kenne und hier aus der sicherlich verzerrten Sicht Beates beschrieben habe) im Unterschied zu dem unschuldigen Elfenbein Pygmalions vermutlich Beates Neigung durch seine eigenen Bedürfnisse sehr entgegenkam.

3. Die Angst vor Verschiedenheit. Da Beate in ihrer Ehe vor allem eine Aufgabe sieht, die Forderung zu angestrengter Leistung, muß sie sich auch fürchten, ihren Partner wirklich als erwachsenen, selbständigen Menschen zu sehen. Nur dort, wo er ihrem (teilweise unbewußten) Ideal entspricht, ihr eigenes Selbstgefühl wie ein Zwilling verstärkt, nimmt sie ihn wirklich wahr. Was nicht in dieses Bild paßt, wird übersehen und verleugnet. Daher ist sie auch immer so «überrascht», wenn ihr Mann nicht arbeitet, sich nicht auf das Examen vorbereitet, wenn wieder eine Lüge zutage kommt, die er ausgesprochen hat. Der Partner ist dort, wo er nicht in die Sehnsucht nach Gleichheit paßt, entweder gestaltlos oder gefährlich. Er wird nicht wahrgenommen, solange diese Teile unscheinbar bleiben. Wenn er sie durchsetzen will, trifft er auf fassungslosen Widerstand. Eine Lösungsmöglichkeit liegt darin, daß die Partner sich einigen, auf die Zukunft zu setzen. Dann wird ein Teil der Gegenwart mit dem unerwünschten, der Gleichheit widersprechenden Teil des Partners verknüpft. Sie entschuldigen sich gegenseitig. «Wenn mein Mann erst die Prüfung hat, nicht mehr in seinem Studiumstress so schonungsbedürftig und wenig belastbar ist», denkt sich Beate, «dann komme ich endlich auch auf meine Kosten, muß mich nicht mehr aufopfern.» Einige Jahre später heißt es: «Er ist ein Schmarotzer, der mich aussaugt, und von dem ich nie mehr etwas bekommen werde, das ich brauchen kann.» In jeder von Leistung und Anpassung bestimmten Beziehung geht es um ja oder nein, gut oder schlecht, richtig oder falsch, alles oder nichts. Die Absicht, den Partner berechnen zu können, macht ihn unberechenbar. Die Angst, seine Verschiedenheit wahrzunehmen, macht aus ihm einen dunklen Kontinent, in den man bald nurmehr bewaffnete Expeditionen mit großer Vorsicht unternimmt. Die Spannung wird oft dadurch gelöst, daß einer die Feindseligkeiten eröffnet und dem anderen beweist, daß er eigentlich noch nie so war, wie er eigentlich hätte sein müssen.

4. Das zerbrechliche Bild. Angesprochen sind die Erscheinungen, die in der Psychoanalyse mit Ausdrücken wie «Objektkonstanz» und «inneres Objekt» beschrieben werden. Gemeint ist das innere Bild, welches dem Partner entspricht und mit Gefühlen besetzt wird. Bei Menschen mit Näheangst ist dieses innere Bild sehr zerbrechlich. Seine Beständigkeit wird im Lauf der seelischen Entwicklung erworben. Ein

Hinweis darauf ist das «Fremdeln» der Kinder, die ab dem vierten Lebensmonat mit beleidigter Miene und Geschrei antworten, wenn statt des erwarteten Partners – der Mutter, des Vaters – ein Fremder sie hochnimmt oder ihnen zu nahe kommt. Das Fremdeln zeigt, daß ein solches inneres Bild entstanden ist. Dieses wird allmählich fester, beständiger. Das Kind kann längere Zeit alleine verbringen, spielen, mal zur Nachbarin schauen. Wenn es eine stärkere seelische Verletzung erlebt (zum Beispiel einen Unfall mit folgendem Krankenhausaufenthalt, ohne daß die Mutter es begleiten kann), dann zerbricht dieses innere Bild. Es löst sich auf. Die Mutter wird angeschaut wie eine Fremde, wenn sie das Kind zum erstenmal besucht. Zu Hause ist das Kind unselbständig. Es hängt wieder am Rockzipfel. Allmählich baut sich das innere Bild wieder auf. Die Mutter wird nicht mehr ängstlich festgehalten, sondern lachend verabschiedet und lachend begrüßt. Menschen mit Näheangst können dieses innere Bild des Partners nicht liebevoll festhalten. Beate erzählte einmal, wie sie ein Freund, den sie einige Jahre nach der Scheidung in ihre Wohnung aufnahm, für eine Reise verließ. Er besuchte eine alte Freundin. Sie war erbittert und konnte nicht schlafen. Da fing sie an, einen Pullover für ihn zu stricken. Sie strickte die halbe Nacht. Schon vorher wußte sie, daß ihr Freund gesagt hatte, er fände Frauen schrecklich, die ihm einen Pullover stricken wollten. Aber sie wollte einen so schönen Pullover stricken, daß er diese Aussage zurücknehmen müsse. Nach Mitternacht verlor sie die Kraft weiterzumachen. Sie fing nun an, die fertigen Pulloverteile wieder aufzuribbeln.

Diese Szene zeigt, weshalb sich kein festes inneres Bild entwickeln kann. Dies würde voraussetzen, daß der Partner beständig als ein und dieselbe Person wahrgenommen wird. Aber da Beate eine zu feste Vorstellung davon hat, wie ihr Freund sein müßte, kann sie kein klares Bild davon gewinnen, wie er wirklich ist. Sie blickt nicht auf eine Zeichnung mit festen Umrissen, sondern in einen Strudel, aus dem die verschiedensten Entwürfe, böse und gute, feindliche und liebevolle, auftauchen und wieder in die Tiefe gerissen werden. So strickt sie dem guten Freund den Pullover und trennt ihn dem bösen wieder auf. Sie ist aber nicht nur Beobachterin, sondern wird in dem Strudel mitgerissen. Später, als sie sich auch von diesem Mann getrennt hatte, klagte sie darüber, sie könne für nichts garantieren, wenn sie sich mit ihm treffe. Sie könne noch so sicher sein, daß sie nie wieder mit ihm leben wolle – wenn er vor ihr stünde, es vorschlage, sei ihr Verstand machtlos. Das zerbrechliche, unklare innere Bild bedingt die Schwierigkeiten, sich abzugrenzen. Beate kann in der Beziehung nicht nein sagen und muß deshalb endlich die ganze Beziehung verneinen. Weil sie kein festes, beständig mit liebevollen Gefühlen besetztes Bild ihrer Partner hat, hängt sie an ihnen wie das Kind am Rockzipfel und muß ihnen alles rechtmachen. Umgekehrt fürchtet sie, bei Partnern, die auf sie zugehen und wirklich eine Liebesbeziehung wollen, völlig aufgeschluckt und vereinnahmt zu werden. Weil das innere Bild so unbeständig ist, kann dem Partner keine Klarheit zugemutet werden, ist keine Auseinandersetzung über unterschiedliche Bedürfnisse möglich. Der Gedanke daran wird schon als erniedrigend erlebt, schließlich müßte ein Partner, der wirklich liebt, doch ohne dieses Aushandeln wissen, was Beate will.

5. Die vermiedene Trauer. Eine wesentliche Seite der Beziehungen Beates zu Männern liegt darin, daß sie selten wirklich traurig ist. Sie fürchtet sich, sie kämpft, sie ist wütend. Trauer ist keine Leistung, sondern ein Gefühl, durch das Verluste «verarbeitet» werden können. Beate hingegen will wissen – in der Therapie immer wieder auch von mir –, ob sie etwas gut oder schlecht, falsch oder richtig gemacht hat. Wenn sie das weiß, will sie es künftig besser machen. Ein anschauliches Beispiel für die Vermeidung von Trauer ist ein kleiner Unfall. Sie hatte ihn, als sie schwankte, ob sie mit einem früheren Freund vielleicht doch wieder engere Kontakte eingehen sollte. Ehe sie sich mit ihm traf, ging sie in den Keller und verletzte sich die Hornhaut eines Auges an einem Stück Holz, als sie sich im Dunkeln bückte. Sie wußte nicht, was sie dort gesucht hatte. Als der Freund zu Besuch kam, hatte sie starke Schmerzen. In der Analysestunde fand sie heraus, daß sie damit ihre mangelnde Fähigkeit ausglich, sich ein klares Gefühl für sich selbst zu erhalten. «Nur weil es mir so schlechtging, habe ich gemerkt, daß sich Otto gar nicht für mich interessiert. Es war ihm egal, ob es mir weh tat oder nicht. Er hat sich das ganz kurz angehört und dann von seinen Sachen geredet.» Ein anderes Beispiel für die Vermeidung von Trauer ist die Geschichte mit dem Pullover, den sie strickte und dann wieder auftrennte. Statt sich einzugestehen, daß Otto sie nicht so liebt, wie sie es will, und darüber zu trauern, versucht Beate etwas zu leisten, zu machen, ihn und sich zu kontrollieren. Sie ist keine ganze Person, die um den Verlust einer anderen Person trauert, sondern ein Bündel aus widersprüchlichen Aktivitäten, getrieben von Wut und Angst: Wut, weil sie nicht bekommt, was sie braucht. Angst, weil die Wut die

Beziehung bedroht und jede Hoffnung zerstört, das ideale Bild Ottos könnte endlich doch noch Wirklichkeit werden. Einer muß schlecht sein – Otto oder sie selbst. Einer muß dumm sein und einen Fehler gemacht haben. Einer muß böse und herzlos sein. Schuldige für das Scheitern müssen gesucht werden. Es ist für Beate sehr schwer zu sehen, daß es nicht schlecht, sondern traurig ist, wenn die Beziehung zu Otto zerbricht. Sie kann durch kein noch so gutes Argument, durch keine Form von kämpferischem Einsatz, durch keine Anpassungsleistung diesen Verlust verhindern.

Vielleicht könnte Beate die Trennung vermeiden, wenn sie sich auf ihre Liebe und nicht auf ihre Leistungen verlassen würde. Aber das ist nicht sicher. Verlust und Tod gehören zum Leben wie Geburt und Wachstum. Das ist eine banale Weisheit, aber die «entwickelten» Gesellschaften scheinen sie zu vergessen. Ebenso vergessen sie die Individuen, die in ihrem Kampf um Nähe übersehen, wie bedürftig und schwach auch der Gegner ist, wieviel angst sie ihm machen. «Du bist nicht engagiert, du bist kalt und intellektuell», sagt die Frau. «Du erschlägst mich mit deinen Gefühlen und nörgelst nur an mir herum», sagt der Mann. In dem Krieg darum, wer recht hat, scheinen beide zu übersehen, daß sie sterblich sind und auf einem Planeten leben, der von uns jeden Tag ein Stück mehr aufgefressen wird. Ich glaube an einen Zusammenhang zwischen der Ausbeutung in Beziehungen und der Ausbeutung der Erde. Wir haben verlernt, mit unseren Gefühlen schonend umzugehen, wie ein moderner Landwirt verlernt hat, die Regenerationskraft seines Ackers zu schonen. Lieber als Fruchtwechsel und Kompost verwenden wir den pädagogischen Kunstdünger oder gar die psychologischen Pestizide, um Erwünschtes üppig zu machen und Unerwünschtes auszurotten.

Der Näheangst-Kampf entsteht dann, wenn einer (oder beide) Partner sich vor einer gefühlsbestimmten Beziehung fürchten. Wer es mit dem höchsten Einsatz verwechselt, wenn er nicht mehr über dessen Höhe nachdenkt, der muß auch fürchten, zuviel zu verlieren. Wer vorsichtiger mit seinem Kapital umgeht, muß auch nicht soviel Angst haben, es einzubüßen. Wer diese Ängste wahrnimmt, wird sie um so weniger annehmen und liebevoll mit ihnen umgehen können, je mehr er sie teilt. Sobald ihm Beate ihre Liebe deutlicher ausdrückt oder ihre Sehnsucht nach einer gemeinsamen Zukunft zeigt, kommt Otto nicht mehr pünktlich, belebt Kontakte zu früheren Freundinnen oder muß ganz viel arbeiten. Beklagt sie sich, dann schilt er sie, daß sie ihn auffrißt und er ihr nie eine feste Beziehung versprochen habe. Obwohl sich beide lieben, quälen sie sich, denn jeder versucht, den anderen mit Gift- und Düngemitteln zu behandeln, um die Beziehung zu erhalten. Beate möchte Ottos Bindung und Liebe düngen und seine Ängste und Trennungsphantasien ausrotten. Otto will Beates Wünsche nach Zuverlässigkeit und Beständigkeit ausrotten und erreichen, daß sie sich ähnlich verhält wie er selbst. «Wenn er mich wirklich liebt», denkt Beate, «dann kann er mich doch nicht so hängenlassen!» – «Wenn sie mich wirklich liebt», denkt Otto, «dann muß sie mich doch gehen lassen und kann mir doch meine Freiheit nicht rauben wollen!»

Es ist nicht leicht zu entscheiden, was am Anfang steht. Klammert sich Beate an Otto, weil er sich entzieht? Entzieht er sich, weil sie klammert? Wartet sie auf ihn, weil er nicht kommt? Kommt er nicht, weil ihn ihr Warten bedrängt? Es ist wie beim Säugling und der Mutter, wenn die orale Bindung entgleist: Beißt er in die Brustwarze, weil sie diese entzieht? Oder entzieht die Mutter sie, weil er beißt? Während die Partner einer solchen Auseinandersetzung sicherlich immer glauben, auf das Handeln des Gegenübers zu antworten, sieht ein nicht unmittelbar betroffener Beobachter vielleicht mehr. Er mag erkennen, daß beide einander mißtrauen und aus diesem Grund kleine Unstimmigkeiten immer größer werden müssen. Die Mutter gibt die Brust zögernd und ist beim kleinsten Biß bereit, sie zurückzuziehen. Der Säugling lutscht nicht friedlich und wartet, bis er die entglittene Warze wieder bekommt, sondern schnappt zu und hält beim geringsten Verdacht fest.

Ähnlich ist es mit dem Kampf um Nähe. Wer einmal die ersten Schritte getan hat, findet rasch Folgen, die ihm eine Umkehr schwermachen. Er hat versucht, die scheinbar unsicheren Gefühle durch besser kontrollierbare Leistungen zu ersetzen. Die bei großer Nähe, großen Berührungsflächen notwendigen Leistungen und Anpassungen würden von der eigenen Person nichts mehr übrig lassen. Also muß Distanz geschaffen, müssen Reservate eingerichtet und gehütet werden. Die kindliche Bewegung auf andere Menschen zu, ein Teil unserer naturwüchsigen Ausrüstung, wird überwacht und kontrolliert. Ähnlich wie im großen Zusammenhang Mensch / Umwelt verspricht die Technik auch hier, das Leben zu erleichtern. Von einem kritischen Punkt an jedoch erschwert sie es.

Diese Situation fiel mir in der Analyse eines sehr erfolgreichen jungen Mannes auf, der bereits zwei Studien abgeschlossen hatte. Er lebte allein und tröstete sich an einsamen Abenden damit auszurechnen, mit wie vielen Frauen er schon geschlafen hatte (es waren damals 65). Die Beziehungen dauerten immer nur kurze Zeit, wenn er mit den Partnerinnen schlief. Mit einigen älteren Frauen, zu denen eine sexuelle Beziehung nicht in Frage kam, traf er sich über längere Zeit. Seine Begründung war, er könne von ihnen mehr lernen als von den «Betthasen». Mich beeindruckte in der Analyse oft, wie gut Karl funktionierte. Einmal wurde in der Praxis gebaut. Er lag auf der Couch. An der Wand des Nebenzimmers fing ein Schlagbohrer an zu dröhnen, so daß es mich fast vom Sessel riß. Karl sprach unbeeindruckt weiter – Nerven aus Stahl. Andererseits kam er fast jede Stunde einige Minuten zu spät. Wir sprachen darüber, aber es änderte sich nicht. Erst nach einiger Zeit, als sich der Leistungsdruck, unter den er sich auch in der Analyse stellte, etwas lockerte, wurde mir der Grund deutlicher: Unbewußt verstand er auch unseren Kontakt nicht als Gelegenheit, sich fallen zu lassen, sondern als große Mühe, meine Anforderungen zu erfüllen. Parallel dazu konnte ich ihm zeigen, weshalb er seine Beziehungen immer so schnell beenden mußte. Er hatte zum erstenmal versucht, ein «Mädchen» (so nannte er die «sexuellen» Frauen im Gegensatz zu den «nichtsexuellen», «reifen», von denen er «profitieren» konnte, weil sie mehr Lebenserfahrung hatten als er) zum Wochenende in seiner Wohnung zu behalten. Am Montag war er erschöpft und deprimiert. Er hatte ständig an sie denken müssen, spürte den Zwang, immer mit ihr zusammenzusein, sie zu liebkosen, aufmerksam auf ihre Wünsche zu lauschen. Er konnte sich nicht ruhig hinsetzen, die Zeitung lesen oder etwas für sich tun, was er viel lieber getan hätte, als sich ständig auf sie zu beziehen. Die Frau in der Wohnung war kein Anlaß, sich geborgen zu fühlen, sich etwas zu wünschen, etwas zu nehmen. Es war kein erholsames Wochenende, sondern Arbeit.

2 Wartezeiten

Als er erkannte, daß sie nicht zueinanderpaßten, beschloß er, von ihr Abschied zu nehmen. Aber das zog sich noch eine Weile hin. Er brauchte dazu ein ganzes Leben.

Anton Kuh*

Nachdem ich die Arbeit am ersten Kapitel abgeschlossen hatte, kam Beate in ihre Stunde. Sie war guter Dinge. Ihr Vater, den sie lange Zeit als kalt und uninteressiert erlebt hatte, hatte sich von einer anderen Seite gezeigt. Er war bereit gewesen, sie mit ihrer Tochter auf eine Reise mitzunehmen, obwohl sie immer gedacht hatte, er sei nicht an Kindern interessiert. Wir kamen darauf zu sprechen, wie sie ihren Ehemann kennengelernt hatte. Ein Freund Beates, den sie während des Studiums kennengelernt hatte, war tödlich verunglückt. Sie fühlte sich schuldig. Er wollte eigentlich mit ihr in Urlaub fahren. Sie lehnte das ab, weil ihre Eltern dagegen waren. Nun wollte sie in eine andere Stadt. Ihr künftiger Mann nahm sie in seinem Auto mit. Sie sprachen auf der Fahrt viel miteinander. Dann ging sie auf ein Fest, wo viele Freunde sie nach dem Tunesier fragten: «Wo ist denn dein netter Freund?» Sie konnte diese Fragen nicht mehr ertragen, lief fort und fuhr weinend auf dem Rad durch die Stadt – zu dem Fahrer. So begann ihre Beziehung. Als das erste Kind geboren war, erhoffte sie von ihrem Partner Hilfe. Er zog sich hinter seine Bücher zurück. «Wenn ich krank war und nicht mehr kriechen konnte, kam er um eins und

* A. Kuh, Luftlinien. Wien (Löcker-Verlag) 1981, S. 262.

sagte: ‹Gibt's was zum Essen?› – ‹Du siehst ja, daß ich nicht kann›, sagte ich. ‹Dann komme ich später wieder›, sagte er. Ich habe getobt. Aber ich habe mich nur abreagiert und nichts geändert. Ich habe immer gewartet, daß es anders wird, viel zu lange.»

Zu dieser Wartesituation fällt Beate ihre Mutter ein. «Es war immer so. Ich weiß nicht warum. Ich habe gehofft, daß sie einmal kommt, wenn ich krank im Bett lag. Aber sie ist nie gekommen. Manchmal lag ich den ganzen Tag. Am Abend hat sich das Hausmädchen gewundert, daß das Frühstückstablett noch dastand. Da habe ich gedacht, ich muß mal so richtig krank werden, daß sie sich um mich kümmert. Neulich habe ich die Kinderbücher wieder gesehen, die mir meine Mutter geschenkt hat. Sie hat immer reingeschrieben, welche Krankheit ich da hatte. Es ist wie mit meinem Ex-Mann. Da hab ich auch immer gedacht, er versteht mich irgendwann. Oder mit Vater. Entweder muß er mir alles geben, ohne daß ich etwas sage, oder ich will nichts, ich kann mir überhaupt nicht mehr vorstellen, daß er das geringste Interesse für mich hat.»

«Ihr Vater ist weder ganz nah noch ganz fern», sage ich. «Er gibt Ihnen nicht alles, was sie bräuchten, aber er ist auf seine Weise bereit, Ihnen etwas zu geben, wie Sie ja jetzt gesehen haben.» – «Aber wie kommt es nur, daß ich so viel verlange und denke, ich kann es gar nicht sagen, weil ich ja doch nichts kriege?» – «Ich glaube, Sie haben sich als das letzte von den fünf Geschwistern so übersehen und mißachtet gefühlt, daß Sie die gute, ideale Mutter, die Sie sich so gewünscht hätten, in Ihrer Phantasie erschufen. Die reale Mutter, die nur noch wenig Zeit und Kraft übrig hatte, schien Ihnen dann wertlos. Dem Vater, aber auch Ihrem Mann ist es ähnlich gegangen. Deshalb konnten Sie sich auch so lange nicht trennen, nicht von den Eltern und nicht von ihm: Sie haben die Sehnsucht nach dieser guten, idealen Mutter behalten und wollten sie immer noch finden, auch wenn Sie von der wirklichen Mutter jedesmal enttäuscht wurden.» – «Da fällt mir ein, daß ich als Kind jeden Abend geglaubt habe, jemand hat mir ein Bonbon unters Kissen gelegt. Ich bin immer schlafen gegangen und habe nachgesehen. War keines da, aber vielleicht morgen! Das habe ich sehr lange gemacht. Einmal war ich bei einer Tante. Sie war in der Familie nicht beliebt, weil sie so extravagant war. Da habe ich an einem Abend eine ganze Bonbonniere unter dem Kopfkissen gefunden.»

Dieser Einfall weist darauf hin, wie solche Phantasien überleben. Die reale Enttäuschung durch die Mutter und andere Menschen – den Vater, den Ehemann – führt dazu, daß sich eine Phantasie von wunschlosem Glück, von idealer Erfüllung bildet. Sie nährt sich aus den Enttäuschungen, die den Betroffenen in der Wirklichkeit widerfahren. Es ist so, als ob sich für Beate jedes entgangene Bonbon, das sie unter dem Kissen vermißte, endlich in der gefüllten Bonbonniere wiederfindet. Gegenüber dem Ehemann war es später so, daß jede Leistung für ihn, jede Rücksichtnahme das geheime Ideal nährte, endlich doch noch die gefüllte Bonbonniere zu kriegen. Umgekehrt entsprach die dienende Fürsorge auch einer Buße für soviel Anspruch und Bedürftigkeit. Diese Helfer-Schützling-Beziehungen zerbrechen dann, wenn die Einsicht entsteht, daß die auf eine schönere Zukunft ausgestellten Wechsel nicht eingelöst werden. Im Gegenteil: die wirkliche Beziehung polarisiert sich. Der Ehemann wird, anstatt sich irgendwann als ideale, fürsorgliche Mutter, idealer, liebender Vater, vollkommener Geliebter zu entpuppen, immer mehr zum anspruchsvollen Baby. Aber die Trennung von ihm würde auch bedeuten, auf die Utopie der Erfüllung zu verzichten und sich einzugestehen, daß man selbst ein Stück dieser gefräßigen Made in sich trägt.*

Mittags in der Therapeutengruppe unserer Praxisgemeinschaft stellt ein Kollege eine Frau vor, die mich an Beate erin-

* Siehe auch Kapitel 10: Die Magie der Erwartung, S. 121.

nert. Sie hat sich vor einiger Zeit von ihrem alkoholkranken Mann getrennt und muß jeden Monat noch einige hundert Mark seiner Schulden zurückzahlen. Ihr gegenwärtiges Problem ist eine enge Freundin, die gerade ihren Abschluß an der Meisterschule für Mode macht. Diese Freundin lebt praktisch in ihrer Wohnung. Ihre Bude ist ihr zu ungemütlich. Sie leert den Kühlschrank, benutzt das Telefon, lädt ihre Freunde ein, läßt alles liegen. Zur Rede gestellt, läuft sie gekränkt weg. Auch diese Klientin kann die Made in ihrem Speck nicht loswerden. Sie kann ihren Wohnungsschlüssel nicht zurückfordern. Sie beklagt sich, aber sie ändert nichts. Was den Therapeuten am meisten verblüfft, ist die Aussage der Klientin, wenn sie einmal wirklich den Schlüssel zurückfordere, dann sei sie voller Angst, ihre Freundin nie wiedersehen zu wollen. «Ich könnte verstehen, wenn sie fürchtet, daß die *Freundin* sie nie mehr sehen will», sagt er. «Aber daß sie *selbst* dann für immer Schluß macht? Das habe ich nicht verstanden.» Der Kollege ist bedrückt. Die Spannung lockert sich etwas, als die übrigen Teilnehmer anfangen, ihre Phantasien zu beschreiben, was denn der Klientin das Verhalten nützt, an dem sie wider ihr und des Therapeuten besseres Wissen festhält.

«Sie kann die ganzen Teile von sich, die jetzt ihre Freundin ausdrückt, aus sich selber draußen lassen», sagt eine Therapeutin. «Es erinnert mich, wie inkonsequent ich gegen die Schlamperei meiner Tochter war, manchmal ganz streng und dann wieder ganz großzügig. Sie hat mir da was abgenommen.» Ein anderer sagt: «Sie würde ihre ganze Identität verlieren, ihr Selbstbewußtsein, daß sie die Gute und Tolerante ist. Alles Negative kann sie der Freundin zuschieben ... Es erinnert mich an meine Ehe. Wir haben fünf Jahre furchtbar um die Scheidung gestritten, weil ich einfach nicht mit den gemeinen, schmutzigen Mitteln kämpfen wollte, die meine Frau anwandte. Ich doch nicht! Und dann hat mir meine Freundin gesagt, sie wäre genauso böse, wenn ihr immer alles Schlechte hingeschoben würde. Da hab ich angefangen, auch unfair zu werden, und nach drei Monaten waren wir geschieden. Aber ich habe es lange nicht verkraftet. Ich wollte doch immer der Gute sein!»

«Wenn jemand in meine Wohnung kommt und mir meinen Kühlschrank leerfrißt, gibt es zwei Möglichkeiten: Ich kann ein Schloß an meinen Kühlschrank hängen, oder ich kann in seine Wohnung gehen und seinen Kühlschrank leerfressen.» Mein Kollege, selbst ein sehr hilfsbereiter Mensch, der sich nicht leicht etwas nehmen kann, blickt mich zweifelnd an. «Meinst du wirklich? Ich weiß nicht, ob das stimmt.» Ein anderer sagt: «Natürlich stimmt das. Erst wenn sie auch etwas nimmt, kann sich das ausgleichen.» – «Aber die andere hat ja gar keinen Kühlschrank», sagt mein Kollege triumphierend. «Es geht doch um die *Bereitschaft* – zu warten und zu geben, oder sich etwas zu nehmen», meine ich. «Es fällt ihr eben schwer, den anderen als jemanden zu erleben, der nicht nur fordert, sondern auch gibt. Das ist ein *innerer* Vorgang. Ein gutes Objekt im Inneren, das erst Wünsche an die äußeren Objekte ermöglicht. Diese Frau kann es nirgends finden. Sie ersetzt es durch die Neigung, sich ausnehmen zu lassen wie eine Weihnachtsgans. Daher hat sie auch Angst, daß von ihr aus alles vorbei ist, wenn sie damit aufhört.»

«Das Warten! Mich beschäftigt dieses Warten», sagt ein Kollege. «Es ist unglaublich, worauf Menschen immer warten. Sie trennen sich nicht, sie kämpfen nicht, sie warten. Gelegentlich äußern sie ihre Enttäuschung – und warten. Warten auf Godot.» – «Ich warte zur Zeit auch, auf die Weihnachtsferien. Wenn sie nur schon da wären. Mir reicht's wirklich», stöhnt eine andere. «Mir fällt zum Warten eine Geschichte von Heinrich Böll ein, über die meine Tochter gerade eine Textanalyse schreiben muß – gerade darüber. Ihr kennt die Pointe sicherlich. Da sieht ein Urlauber am Strand von Capri einen Fischer faul in seinem Boot liegen. Er knüpft ein Gespräch an, das sich so entwickelt, daß der Erholungsuchende dem trägen Südländer einen Plan entwirft, mehr zu fischen, weitere Boote zu kaufen, ein Restaurant, eine Konservenfabrik – bis er endlich in die Lage komme, andere für sich arbeiten zu lassen. ‹Und dann?› fragt der Fischer. ‹Und dann? Dann kannst du dich in die Sonne legen und ausruhen›, sagt der Tourist. ‹Das kann ich jetzt auch schon›, sagt der Fischer und legt sich wieder gemütlich hin.» – «Na ja, wir warten auch auf bessere Zeiten. Soviel Unterschied zwischen uns und den Patienten ist da eigentlich gar nicht», sagt eine Psychologin aus der Gruppe, die ich zur U-Bahn begleite. «Seit ich den Boris kenne, redet er immer davon, daß er weniger arbeiten will. Aber fast jedes Wochenende hat er seine Gruppen!»

Die Mühe der Gegenwart, die Muße der Zukunft – ist das nicht ein fast selbstverständlich gewordenes Lebensgefühl der Leistungsgesellschaft? Die Idee einer Entschädigung für Anstrengung und Leid in diesem Leben durch ein Paradies im Jenseits oder eine bessere Inkarnation bei der nächsten Wiedergeburt ist in den meisten Hochkulturen zu finden. Drückt sie aus, daß in ihnen allen die Last des «Unbehagens in der Kultur» zu schwer wurde? Jedenfalls ist es wohl kein Zufall, daß die Industriegesellschaft mit ihrem Leistungsdenken und ihrem Wettbewerbszwang aus der christlichen Kultur hervorging, in der die Jenseitshoffnung schon immer eine große Rolle spielte.

Seit die Religion an Überzeugungskraft einbüßt und damit auch das öffentliche Leben viele seiner Gefühlswerte verliert, scheint die Privatsphäre fast alle Hoffnungen auf Regression und Emotionalität erfüllen zu müssen. Das führt dazu, daß gerade in sexuelle Beziehungen immer stärker Elemente der Eltern-Kind-Beziehung eingehen. Zuwenig frühe Einfühlung und Fürsorge durch eine stabile Elternfigur sollen die Neigung erklären das Verlorene nachzuholen, und sei es nur dadurch, daß man wie Beate, wie die Klientin meines Kollegen oder wie die Therapeuten selbst, die Rolle der einfühlenden und stets leistungsbereiten Eltern-Geliebten übernimmt. Aber der öffentliche Mangel an Geborgenheit spielt sicher eine ebenso wichtige Rolle. Ausgleichende Erfahrungen werden den Menschen vorenthalten. Weder die Naturerlebnisse noch dörfliche oder großfamiliäre Gemeinschaften können helfen, die frühen Verluste zu korrigieren und zu mildern. Im Gegenteil: ihr Mangel steigert die Ansprüche an kindliche Paradiese und ihren Ersatz in therapeutischen Beziehungen.

Ein älterer erfolgreicher Arzt, der ein großes Labor leitet, ruft wegen einer Beratung an. Seine Frau engagiert sich in einer Selbsthilfegruppe und ist mit feministischer Literatur in Berührung gekommen. Seither gibt es in der Ehe Streit. Sie wirft ihm vor, er sei ein Patriarch, sei anspruchsvoll und gebe nichts. Er versucht im Gespräch mit mir, seine Verletzlichkeit hinter einer selbstsicheren Fassade zu verstecken. Er wolle nur wissen, wie man mit einer unbeherrschten und unberechenbaren Hysterika umgehen müsse. Er habe sich angewöhnt, auf die Vorwürfe nicht zu reagieren, weil das doch nur endlose Streitereien ergäbe. Nur wegen der Kinder bleibe er bei der Frau. Sie sei undankbar. Er habe sie nach einem freien Junggesellenleben, das er sehr genossen habe, aus Mitleid geheiratet, weil sie Hilfe brauchte. Außerdem wisse er ohnedies, wie sie zu kurieren sei. Man müsse nur täglich mit ihr schlafen. Leider habe sie die Erotik eines eingelegten Herings. Aber das hätte er ihr selbstverständlich nie gesagt. – Es ist deutlich, daß es ihm sehr schwerfällt, in der Beziehung sich selbst zu sehen. Er sieht, wie er alles für seine Frau tut und sie es nicht dankt. Ich vermute, daß er nur in der Rolle des überlegenen Helfers und Arztes überhaupt seine Bedürfnisse nach Geborgenheit und Wärme zulassen konnte, die er während der «wilden» Zeit vor der Ehe durch ständig wechselnde, lockere Kontakte von sich fernhielt.

Die halbe Stunde, welche dieser verletzte und verbitterte Mann erzählt, genügt für den Eindruck eines typischen Geschehens. «Symbiose in der Krise», «Bindung ohne Nähe» oder «das Ende einer Anpassungsbeziehung» wären Bezeichnungen dafür, die mir sinnvoller erscheinen als eine diagnostische Auffassung («narzißtische Kollusion»). Die psychoanalytische oder psychiatrische Etikettierung gibt vor, ein spezielles Phänomen, das Zeichen einer «neurotischen» oder «narzißtischen» Störung zu erkennen und zu beschreiben. Solche Krisen sind aber so typisch und verbreitet, daß die fiktive «reife Liebesbeziehung», an deren Ideal sie gemessen werden, eher ein augenfälliges Etikett verdient als sie. Was geschieht in solchen gestörten Beziehungen anderes, als daß da zwei Menschen zusammenfinden, die beide nur allzu gut den gesellschaftlichen Idealen gehorchen? Was geschieht umgekehrt in den Fällen von Bindungslosigkeit anderes, als daß Menschen entweder von vornherein oder (wie Beate) nach bitteren Erfahrungen solche Beziehungen vermeiden?

3 Der überoptimale Geliebte

> Die Nacht wütete gegen den Morgen, dessen sie beraubt war, und Kälte verfluchte die Wärme, nach der sie hungerte.
>
> J. R. R. Tolkien *

In einer Welt, in der die meisten von uns lernen müssen, ihr emotionales Überleben mit guten Zensuren zu verknüpfen, hat die Liebe einen schweren Stand. Ohnedies ist das Wort, nach dessen Inhalt wir alle hungern, so abgeschmackt, daß viele Menschen es überhaupt nicht mehr in den Mund nehmen wollen. Soll man Vater und Mutter, Coca-Cola und Persil, Ehefrau und Freundin gleichermaßen lieben? Die Gefühlsverarmung der industriellen Öffentlichkeit, der Mißbrauch unserer Wünsche und Träume in der Reklame und den mit ihr zusammenhängenden Konsumwelten haben dazu beigetragen, daß «Echtheit» ebenso unentbehrlich wie schwer zu finden ist. Undeutlichkeit und Verleugnung dienen als Schutzmechanismen für die von allen Seiten angenagte Intimsphäre. Wer nie über seine Gefühle spricht, kann sich wenigstens gegen den Kitsch behaupten, der aus den Massenmedien auf ihn zuströmt. Aber er wird auch undeutlich. Wie soll er sich verständlich machen, wenn er schweigen muß, um sich nicht vor seiner Selbstkritik lächerlich zu machen?

Gibt es Möglichkeiten, Gefühle gegenüber «der Gesellschaft» auszudrücken? Man kann Schaufenster einschlagen oder Parkbänke demolieren, sich mit Polizisten, Rentnern, Ausländern prügeln, um eine unklare Wut loszuwerden. Aber

* The Fellowship of the Ring, New York (Ballantine) 1965, S. 194.

was soll's? Ein anderes Mittel sind Rauschgifte, welche den Alltagsfrust mitsamt den inneren Zensuren auslöschen – oder das zumindest versprechen. Über die Karriere des Rauschgiftsüchtigen könnte man als Motto setzen: «Die Regression schlägt zurück!» Unter Regression versteht man die Welt der Träume, kindlichen Phantasien, des Rauschs, der Entspannung, kurz alles, was unangepaßt ist am Menschen, was faul in den Tag hineinleben will, gehorsam nur der eigenen Lust. Ihr Gegenstück ist die Progression, der Fortschritt in Anpassung und kontrollierter Leistung. Es ist nicht zu übersehen, daß die Industriegesellschaft ein besseres Verhältnis zur Progression hat als zur Regression. Die erste schätzt sie überall und bedingungslos, belohnt sie mit geistigen und vor allem materiellen Bestätigungen, mit guten Noten, sozialer Geltung, Geld. Die zweite wird abgeschoben in die Intimsphären. Nur spezialisierten Berufsgruppen ist sie unter besonderen Bedingungen öffentlich gestattet, wie zum Beispiel den Künstlern, die ihre Träume – so nicht anstößig und originell – darstellen dürfen, oder den Ärzten und anderen Heilberufen, die sich mit Krankheit, Schlaf und Tod beschäftigen.

Soweit diese spezialisierten Berufe sich mit dem menschlichen Erleben befassen, ist ihnen klargeworden, daß die Festlegung auf die progressive Haltung gefährlich ist. Freud hat den Zivilisationsmenschen mit dem Stadtpferd der Schildbürger verglichen, dem die sparsamen Machthaber den einzigen Fehler abgewöhnen wollten, den es hatte: es wollte fressen. So verminderten sie die Haferration schrittweise. Als es endlich – welch ein Erfolg! – schon fast haferfrei arbeitete, starb das tückische Tier. Wenn heute ein Kultusminister auch noch die letzten regressiven Nischen aus dem Lehrplan streicht (wie die musischen Fächer), wird er es für ebenso tückisch halten, wenn der Alkohol- und Haschischverbrauch an den Gymnasien ansteigt.

Es gibt eine Zeichnung von Doris Lerche, die zeigt, wie die

Rache der Regression aussehen kann. Auf ihr sitzen zwei Jugendliche schlapp nebeneinander. «Ich möchte mal so richtig geliebt werden», sagt der eine. «Ich auch», sagt die andere. Liebe ist eine Art gute Note, die man für richtiges Verhalten bekommt. Man bekommt sie. Wie soll man sie geben? Was tun, wenn das richtige Verhalten eben nicht «es richtig machen» ist, sondern – lieben? Ratlosigkeit macht sich breit. Drogen sind ein Ausweg. Sie sind Nes-Liebe, schnell löslich, gehen direkt ins Blut, versprechen Entspannung und Geborgenheit. Der Alkoholiker oder der Fixer sind von keinem Menschen abhängig, von keinem Gefühl, von keinem Wunsch nach Geborgenheit – außer von der Sucht nach dem Gift. Von der glauben sie, sie hätten sie in der Hand, sich in der Hand. Viele Süchtige sind mit einem Menschen verbunden, der ebensoviel Angst vor einer Gefühlsbeziehung hat und sich in die umgekehrte, die progressive Haltung fixiert. Ständige Mühe, viele Enttäuschungen sind ihr Lohn. Sie müssen sich plagen, den Trinker entschuldigen, sich anlügen und bestehlen lassen. Aber auch sie ersetzen die Unsicherheit und gegenseitige Abhängigkeit emotionaler Kontakte durch kontrollierte Leistung, durch Sorge um einen Partner, der Untüchtigkeit, Passivität, mangelnde Kontrolle gepachtet hat.

Die Partnerschaft mit einem Süchtigen ist eine oft über sehr lange Zeit stabile Lösung, mit der Angst vor Nähe umzugehen. Der Süchtige stellt die Sucht als Puffer zwischen sich und seine Ängste vor einer nahen Beziehung. Der Partner tut dasselbe, aber auf andere Weise. Die paradiesische Zukunft, in der er für seine Mühen belohnt wird, sieht er dann, wenn die Sucht endlich besiegt ist. Bis dahin bleibt er der einzige, der wirklich um alle Tiefen des Kranken weiß. In die Sucht kann wie in einen Müllschlucker alles gekippt werden, was die Hoffnung auf Harmonie und Verständnis trübt – der Schuldige ist dann allemal das Heroin oder der Schnaps. Man braucht sich nicht befragen, ob Liebe die Beziehung trägt. Die eigene Verpflichtung tut es allemal. Man ist doch gewiß liebesfähig, wenn man es bei so jemandem aushält! Ich sage das nicht, um mich über solche Menschen zu erheben, ihren Opfermut und ihre manchmal (selten genug) doch belohnte Treue anzuzweifeln. Aber ich finde in diesen Leistungen die allgemeine Beschädigung nicht weniger als in meinem eigenen Beruf (dem des Psychotherapeuten), der ja vieles mit dem Helfer und Partner des Süchtigen gemeinsam hat.

Psychotherapeuten und Eheberater hat es früher nicht gegeben. Ihr Vorhandensein drückt aus, daß die Gesellschaft Fachleute entwickelt hat, die in Bereichen tätig werden, wo sich früher niemand auf diese Weise einmischte. Der Pfarrer, der Arzt gaben Ratschläge, aber sie «arbeiteten nicht an der Beziehung», sie versuchten nicht, ein Kindheitsschicksal zu rekonstruieren und es mit günstigerem Ausgang ein Stück weit zu wiederholen.

Die kürzere Lebenszeit und auch die weit größere Gefährdung von Partnerschaften durch den Tod drängten die Menschen näher zusammen. Sie machten die unmittelbare sinnliche Befriedigung wichtiger als Verständnis und Einfühlung, nach denen sich die unglücklichen Liebenden unserer Zeit so sehr sehnen. Trennung hat keine so große narzißtische Bedeutung, wenn der Tod naher Angehöriger stets ein Teil des Alltags bleibt. Schwangerschaft war Schicksal, keine freiwillige Entscheidung. Weil viel mehr Kinder geboren wurden, als überlebten, war die Bedeutung der einzelnen (heute so oft einzigen) Geburt nicht so groß. Die größere persönliche Sicherheit, die durch die gesteigerte Kontrolle über die Natur in der Industriegesellschaft entsteht, hat das Bedürfnis nach noch mehr Sicherheit nicht gesättigt. Sie hat es angestachelt. Die Ansprüche wachsen und werden dadurch auch immer weniger erfüllbar.

Gewachsen ist auch die Angst vor dem dunklen Bereich, der jenseits der elektrifizierten und computerisierten Welt liegt. Er wird bedrohlicher, weil wir verwöhnter sind. Es ist schwieriger, das nicht Machbare zu verarbeiten, wo so vieles machbar ist. Bindung und Trennung der Liebenden sind Bereiche, die nicht heller geworden sind, seit die binäre Codierung entdeckt wurde. Wie sehen die Lösungsversuche aus? Ein «männlicher» ist es beispielsweise seit Don Giovanni, die unsichere Qualität der sexuellen Beziehungen durch deren Quantität zu ersetzen. Sie läßt sich zählen und messen. Aber damit bleibt das Bedürfnis nach Nähe und Geborgenheit ungelebt.

Eine häufigere Lösung ist die, daß ein Mann irgendwann eine Frau heiratet, die ihn liebt. Er weiß zwar nicht, ob sie die Richtige ist und ob er sie liebt, aber wer kennt sich schon mit diesen Gefühlen aus? Er sicherlich nicht, er muß an andere Dinge denken – die Karriere, das Hobby, den Sport, später die Kinder. Jedenfalls wird er die Lage schon bewältigen. Sie ist eine Arbeitgeberin mehr. Im Arbeitsvertrag steht: «Liebe beweisen.» Weil man jederzeit auch Gegenforderungen stellen kann und schließlich vor allem Geld für die Familie verdienen muß, wird sich die Sache schon bewältigen lassen.

Dieser Mann wird oft bis an sein Lebensende nicht genau wissen, ob er seine Frau geliebt hat. Aber er gewöhnt sich an sie, wird abhängig von ihr. Er hat den Kopf frei. Das ist sehr angenehm. In vielen Fällen verkraftet die Frau diese Situation gut. Sie zieht die Kinder groß, sucht sich vielleicht irgendwann einmal eine Arbeit, beschäftigt sich mit ihren Steckenpferden und ihren Freundinnen. Probleme treten erst dann auf, wenn sie aussteigen will, wenn ihr die Sicherheit nicht reicht. Sie wird dann zunächst versuchen, den Mann zu verändern. Er soll gefühlvoller werden, ihr deutlicher zeigen, daß er sie gerne hat, sie nicht einfach wie ein Werkzeug oder einen Sex- und Haushaltsroboter benützen, sondern auf ihre Person eingehen, sich für sie interessieren. Sobald sie anfängt, ihre Dienstleistungen häuslicher und vor allem emotionaler Art einzuschränken, weil sie sich mit ihnen nicht «wirklich gemeint» fühlt, gerät die Beziehung in eine Krise. Die nicht im Gefühlsausdruck, sondern in wechselseitigen Leistungen wurzelnde Beziehung droht ihre Grundlage zu verlieren. Der Mann ist ratlos: Wieso funktioniert nicht mehr, was so lange funktioniert hat?* Er kann es sich schließlich auch nicht aussuchen, ob er damit zufrieden sein will, in der Firma als Werkzeug benützt zu werden. Er kann sich da viel weniger beklagen, als es seine Frau jetzt bei ihm tut. Er kann seinem Chef nicht empfehlen, psychologische Bücher zu lesen, um ihn besser zu verstehen.

Die Frau ist in kaum einer besseren Lage. Sie spürt zwar, daß ihr etwas fehlt. Aber sie tadelt an ihrem Partner ein Stück ihrer eigenen Angst. Schließlich hat sie gewußt, daß es kein strahlender Gefühlsheld war, den sie damals geheiratet hat, sondern ein zuverlässiger, tüchtiger, etwas zugeknöpfter Mann, dessen sie sich sicher sein konnte. Nun muß sie erkennen, daß ihre Mühe, ihn zu öffnen und zu lockern, wenig Erfolg verspricht, ihr Warten unbelohnt bleibt. Aber es ist unsicher und nicht nur wirtschaftlich schwierig, auf eigenen Füßen zu stehen. Das gilt gerade dann, wenn sie schon viel für den Mann getan hat. Sich zu trennen, heißt auch, die Anstrengung abschreiben. Es hat nichts gebracht. Im schlimmeren Fall kann das zu einer jener Scheidungen führen, in denen um jeden Teller prozessiert wird und man ihn lieber zerschlägt als ihn dem einst angetrauten Partner zu geben. Im «günstigeren» Fall mündet diese Situation in eine tiefe Resignation, in ein emotionales und sexuelles Verstummen der Partner, die nun wirklich wie zwei Roboter nebeneinander leben.

Ich möchte jetzt eine andere Lösung dieser Krise beschreiben. Sie wird von manchen Frauen gewählt, die männliche Betrachter gern «hysterisch» nennen, weil sie mit deren «übertriebenen Gefühlen» nicht zurechtkommen. Ich glaube, daß ein solcher Begriff heute das Verständnis der handelnden Per-

* Siehe auch das Beispiel auf Seite 58–60 (Georg).

sonen eher erschwert als erleichtert. Dieser Lösungsversuch zeigt, wie gerade der pathetische Versuch, die Angst vor Nähe zu überwinden, die Widersprüche in unseren Liebesbeziehungen verdeutlicht. Die Geschichte der Fälle, von denen ich hier schreiben will, hat mich an einen Versuch erinnert, den Otto Koehler 1937 durchführte. Er bot Vogelarten (etwa dem Halsbandregenpfeifer) Ei-Attrappen an, die «überoptimal» waren, deutlicher gesprenkelt und viermal so groß wie die eigenen Eier. Das Vogelweibchen zog diese Eier den eigenen vor. Es versuchte vergeblich, sie zu bebrüten, obwohl es gar nicht richtig auf ihnen sitzen konnte. Die eigenen Eier verdarben daneben.

Vera ist als Kind öfter geschlagen worden. Sie war die älteste Tochter, mußte früh selbständig sein, fühlte sich von der Mutter (die sie als Hilfe für die kleineren Geschwister brauchte) vernachlässigt und kämpfte mit dem Vater, der ihren Trotz zu brechen versuchte. «Schlag mich doch tot!» schrie sie ihn einmal an. Sie heiratete früh, arbeitete aber halbtags weiter, obwohl ihr Mann gut verdiente und sie sich auch um ein Kind kümmerte, das sie auf keinen Fall vernachlässigen wollte. Sie war unglücklich darüber, daß sie nicht (wie ihre Geschwister) studiert hatte. Nach einigen Jahren Ehe verliebte sie sich leidenschaftlich in einen verheirateten Mann. Dieser forderte von ihr, ihm ganz treu zu sein, ihm alles zu sagen. Sie war überzeugt, wer sie so begehre, wäre gewiß selbst ebenso entschlossen, für die von ihm beschworene Liebe zu kämpfen. Vera setzte ihre Ehe aufs Spiel, indem sie ihren Mann unterrichtete und sich sehr von ihm zurückzog. Der Geliebte tat nichts dergleichen. Er forderte von ihr völlige Hingabe und verbat sich jeden Einfluß auf sein Leben. Allmählich entdeckte Vera in einem jahrelangen Kampf, daß er sie immer wieder betrogen hatte. Sie konnte es lange Zeit nicht glauben. Er hatte ihr doch immer so feurig versichert, wie er sie begehre. Er war eifersüchtig und gebieterisch – und sollte doch sich selbst an keines der Gebote gehalten haben, die er ihr auferlegte? Als sie endlich dieser Tatsache ins Auge schauen konnte, brach eine Welt für sie zusammen. Noch nach Jahren weinte Vera fast jedesmal, wenn sie an ihre hilflose Wut dachte, an die unerbittliche Tatsache, daß der überoptimale Geliebte sie eben deshalb so gefesselt hatte, weil er ihr

Gefühle vorspielte, die mehr mit einer Rolle seiner Phantasie zu tun hatten als mit seiner Lebenswirklichkeit. Der Geliebte hatte nie daran gedacht, seine Ehe zu gefährden. Er hatte auch noch andere Freundinnen. Aber jede mußte glauben, die erste und «einzigste» zu sein.

Vera konnte lange Zeit ihren eigenen Anteil an diesem Geschehen nicht sehen. Sie hatte doch alles richtig gemacht, war offen gewesen, gefühlvoll, ehrlich, sie hatte nicht gelogen und getrickst. Erst allmählich gelang es ihr, ihren eigenen Widerstand gegen eine Wahrheit zu verstehen, die sie längst ahnte, die sie aber nicht annehmen wollte, weil die leidenschaftlichen Beschwörungen für sie eindrucksvoller waren als echte Gefühle. Sie, die sich immer für beliebt und anerkannt gehalten hatte, entdeckte schrittweise ihr Mißtrauen gegen Zuneigung und stillere Formen von Zuwendung, ihre Zweifel, ob sie überhaupt liebenswert sei. Sie verstand auch, wie ihr oft lautes, überzogen gefühlvoll wirkendes Verhalten zustande kam. Wenn sie sich unsicher fühlte, überspielte sie damit ihre Angst und ihre Weichheit. Hier lag auch die Wurzel ihres «Hereinfallens». Der Schwindler, der genau weiß, daß seine Gefühle nicht «echt» sind, wird sich um eine weit eindrucksvollere Darstellung bemühen als ein Mensch, der tatsächlich empfindet, was er sagt. Er wird mögliche Zweifel vorwegnehmen und entkräften. Auf diese Weise kann es sein, daß er einer Frau, die tiefe Zweifel daran hat, ob sie überhaupt geliebt wird, mehr geben, sie eher überzeugen kann als ein Mann, der sie wirklich liebt.*

Während mich Veras theatralisch wirkende Schilderungen und ihre teils starre, teils übertriebene Mimik zunächst erschreckten, entdeckte ich hinter dieser Fassade eine leidende, um Selbständigkeit ringende und zu großen Gefühlen bereite Frau. Je mehr ich sie so sah, desto weniger fiel mir das Theatralische auf. Sie wirkte ruhiger und weicher. Sicher hat sie sich auch in dieser Richtung verändert, aber ich kann mir gut vorstellen, daß sie um so weniger ihre Emotionalität übersteigert darstellen mußte, je mehr ich sie annehmen und ihren Schmerz mitempfinden konnte. Ich bin heute sehr froh über diese Entwicklung, weil sie mir zeigt, wie sich die Dynamik zwischen dem «kalten»

* Es liegt nahe, die Erfolge von Heiratsschwindlern, aber auch die Unwiderstehlichkeit Don Giovannis auf diese Zusammenhänge zurückzuführen. «Er könnte selbst den Eskimos Kühlschränke verkaufen», wird von den Don Juans des Wirtschaftslebens gesagt.

Psychoanalytiker und der «agierenden» oder «unechten», «hysterischen» Patientin auflöst in eine Beziehung zwischen zwei verschiedenen Menschen, die sich in ihrer Verschiedenheit akzeptierten. Je kälter ich geblieben wäre, desto übersteigerter hätte Vera wohl versucht, mir ihre Situation klarzumachen, und desto weniger hätte ich ihr glauben können.

Veras Lebensgeschichte zeigt, daß sich das in der frühen Kindheit von der Mutter enttäuschte Mädchen dem Vater zuwendet und sich mit ihm in einen Kampf verstrickt, der manche Merkmale mit dem Nähe-Kampf gemein hat. Jedenfalls hält sie ebenso starrsinnig daran fest, daß ihr Vater eigentlich besser sein müßte, wie dieser versucht, sie durch seine Schläge zu bessern. Dadurch werden Schuldgefühle abgewehrt, die durch den Wunsch Veras entstehen, vom Vater Entschädigung für das zu erhalten, was ihr die Mutter nicht gegeben hat. Sie darf doch nicht offen an der Mutterliebe zweifeln! Sie darf doch nicht offen den Vater begehren! Der Prügelkrieg liefert beides: den Kontakt und die Strafe. Im Hintergrund bleibt die Sehnsucht nach einem idealen Geliebten, verschmolzen mit dem Wunsch, hinter dem prügelnden Tyrannen endlich den wahren, den liebevollen, ganz ihr zugewandten Vater zu finden.

Unter den frühen Enttäuschungen ist jenes innere Bild zerbrochen, das Urvertrauen gibt: die Vorstellung, daß es grundsätzlich möglich ist, vertrauensvoll an einen anderen Menschen einen Wunsch zu richten, mit dem dieser einfühlend umgeht. Es gibt viele Möglichkeiten, diesen Verlust auszugleichen. Man kann selbst so viel für andere tun, daß man mit einiger Wahrscheinlichkeit auch ohne solche vertrauensvolle Wunschäußerung beachtet und geliebt wird. Man kann äußere Leidenszeichen entwickeln, die andere zwingen, sich zu kümmern – körperliche Krankheiten oder neurotische Symptome. Man kann sich in eine kontrollierte Welt zurückziehen, in der möglichst alles mit Zahlen und Messungen ausgedrückt wird und Gefühlsbedürfnisse keine Rolle spielen. Man kann sich an ein großes, diffuses Objekt wenden, wie «die Menschheit» oder «das Publikum», auf das hin künstlerische, wissenschaftliche und politische Anstrengungen gerichtet werden.

Vera hat viel für andere Menschen getan und war immer bereit, liebevoll und interessiert auf sie zuzugehen. Damit kompensiert sie ihren Mangel an Vertrauen, auch dann Zuwendung zu finden, wenn sie passiv bleibt. Die beiden Themen der Kindheit wiederholen sich in ihrer Beziehung zu dem überoptimalen Geliebten: der Kampf um den idealen Vater, in dem ihre weichen, passiven Bedürfnisse untergehen – und die Strafe. Aber Vera hat es nicht nur wegen dieses Kindheitsschicksals so schwer, sondern auch deshalb, weil sie in einer gefühlsfeindlichen Öffentlichkeit immer wieder in diesem Grundmuster bestätigt wird. Wenn niemand die echten Gefühle hinter ihrem gelegentlich theatralischen Kampf sieht – wie soll sie aufhören zu kämpfen? Wer verdient die abschätzige Betrachtung – Vera mit ihrer lauten Stimme und ihrer raschen Bereitschaft zum Lachen wie zum Weinen, oder die zugeknöpften Menschen um sie herum, die ihre Hilfsbereitschaft annehmen und dann ihrer Wege gehen? Wie anders kann sie sich ihre Ausdrucksfähigkeit und ihr emotionales Engagement erhalten als dadurch, daß sie beide manchmal wie eine panzerbrechende Waffe übersteigert, daß sie lernt, Strafe und Kritik von außen ebenso zu übergehen wie ihre innere Schwäche, Empfindlichkeit und Verletzlichkeit? Kurzum: ist Veras «Hysterie» krankhaft, und sind die Menschen um sie herum «normal», oder sind die Menschen um sie herum krank, und ist Vera normal?

Das ist keine Frage, um eine Antwort zu geben, sondern um neue Fragen zu stellen. Die von der Gesellschaft bestallten Experten maßen sich an, über «seelische Krankheiten» der Einzelpersonen zu befinden. Es ist ebenso fragwürdig, einem gesellschaftlichen System solche Diagnosen aufzuzwingen. Sinnvoller scheint es mir festzustellen, daß der Dialog zwischen einem großen Teil ihrer Umwelt und Vera gestört ist. In einer Therapiegruppe mag sich allmählich ein herzliches Verhältnis zwischen ihr und anderen, eher «zwanghaften» oder «depressiven» Menschen entwickeln. Diese leiden ebenso wie sie unter dem Abreißen des Dialogs zwischen ihrer inneren Kontrolle und ihren Gefühlen, nur in anderer Weise.

4 Die Vermeidung von Abhängigkeit

> Raum in allzu kleinen Hütten
> fordert Paarung und Gefahr.
> Ach, wer braucht da noch zu bitten?
> Jedes Nein ist abgeschnitten,
> denn die Nähe macht das Paar.
> Seht den Schwung der Paragraphen,
> wie er beide sie umschreibt.
> Halt! Wozu? ‹Um einzuschlafen.›
> ‹Weil wir friern.› ‹Weil wir uns trafen.›
> ‹Weil sonst gar nichts bleibt.›
>
> Günther Anders*

Die Angst vor Nähe hängt eng mit der Angst vor Abhängigkeit zusammen. Die Idealvorstellung vieler Menschen ist es, die Nähe zu haben und doch die Abhängigkeit zu vermeiden. Manchmal gelingt es, sie einfach nicht zu beachten. Der Betroffene merkt gar nicht, wie abhängig er ist. Er ist sich seines Partners, dem er nahe ist, so sicher wie der Luft zum Atmen, an die man erst denkt, wenn sie knapp wird.

Die meisten Menschen, die auf der Erde gelebt haben, würden die Angst des bürgerlichen Europäers vor Abhängigkeit absurd finden, eine verrückte Idee. Abhängigkeit ist doch selbstverständlich! Wie kann man glauben, unabhängig von allen anderen Menschen, Urteile zu fällen, an Werten festzuhalten, sein Leben zu gestalten! In der traditionellen Kultur ist es die Sippe, die Gruppe, die Dorfgemeinschaft, in der man lebt und von der man sich weder lösen darf, noch denkt man überhaupt daran, es zu tun. «Auf einmal habe ich gemerkt, daß ich gar nicht mehr weiß, ob ihr mir zuhören wollt. Da konnte ich nicht weiterreden. Es ist doch schrecklich, daß ich so abhängig bin! Ich müßte doch selbst wissen, ob ich es euch erzählen will

* G. Anders, Tagebücher und Gedichte. München (Beck) 1985, S. 307: «Zärtlich liebend Paar».

oder nicht!» Diese Aussage in einer Therapiegruppe zeigt das Ringen um Unabhängigkeit, das Beziehungen zu komplizierten Tauschgeschäften zwischen unangreifbar autonomen Fassaden und dahinter versteckten, hilflos abhängigen Babies verzerrt.

In einer extrem arbeitsteiligen Gesellschaft haben sich die rational kontrollierbaren Abhängigkeiten vervielfacht. Unser Leben ist jeden Tag auf die Zuverlässigkeit von vielen anderen Menschen angewiesen. Von der polizeilichen Meldung bis zur Steuererklärung hängen wir in bürokratischen Systemen wie in einem Spinnennetz. Der Automechaniker, der Flugzeuginspekteur, der Verkehrslotse, der Arbeiter in der Lebensmittelfabrik und der Anästhesist müssen ihre Pflicht tun, wenn es nicht tödliche Folgen haben soll. Über diese rational kontrollierbaren Abhängigkeiten zerbricht sich niemand den Kopf, außer einigen Paranoikern, die plötzlich den Glauben an das selbstverständliche Funktionieren dieser gigantischen Maschinerie verlieren, sich vergiftet und vom Fernsehprogramm verfolgt fühlen. Aber die emotionale Abhängigkeit von einem anderen Menschen scheint vielen unerträglich. Es ist möglich, kindliche Verletzungen aufzudecken, die damit zusammenhängen können.

Tinas Eltern starben, als sie vierzehn Jahre alt war, kurz hintereinander. Sie empfand das als so kränkend und verletzend, daß sie während ihrer Analyse fast jede Stunde weinte. Einmal, als sie fest vorhatte zu heiraten, lief sie aus der gemeinsamen Wohnung fort, als eben die Vorhänge aufgemacht wurden, und kam nie wieder zurück.

Robertas Mutter starb, als sie siebzehn Jahre alt war. Sie verleugnete jede Trauer und übernahm die Mutterrolle gegenüber ihrer jüngeren Schwester. Ohne jemals eine Beziehung zu einem Mann einzugehen, wurde sie über dreißig Jahre alt. Erst dann begann sie ein Verhältnis mit einem Spanier, den sie im Urlaub kennenlernte. Je mehr ein Mann von ihr wollte und ihr das auch eindeutig zeigte, desto weniger anziehend fand sie ihn – er war primitiv, roch schlecht, hatte sich noch nicht von seinen Eltern gelöst usw. Wenn hingegen ein Partner wenig Zeit hatte und sie nur an einem Abend in der Woche treffen wollte, fand sie ihn sehr anziehend und kämpfte verzweifelt darum, auch die Wochenenden zu erobern.

Die Vermeidungsstrategien, die sich hier beobachten lassen, hängen mit der traumatischen Trennung in der Jugend zusammen. Man kann vermuten, daß sie besonders verletzend wirkt, wenn der Betroffene bereits durch eine ungenügende Bewältigung frühkindlicher Trennungs- und Wiederannäherungskrisen geschädigt ist. Die bürgerliche Kleinfamilie, in der die Abhängigkeiten sehr viel «persönlicher» sind als früher, stellt in dieser Hinsicht eine Gefahrensituation dar. Der Druck, den Krankheit oder Tod eines Elternteils ausüben, ist stärker, wenn es sonst nur ganz wenige vertraute Menschen gibt. Aber es ist verfehlt, die Problematik der bürgerlichen Kleinfamilie nur an den Verlusten festzumachen, mit denen ihr Entstehen verknüpft ist. Sie übt eine große, nicht wieder rückgängig zu machende Faszination aus: die Möglichkeit, das eigene Leben in die Hand zu nehmen und etwas Grenzenloses – zumindest in der Phantasie («vom Tellerwäscher zum Millionär») – daraus zu machen. Was auch immer man zum Leben in den Städten und zur Industrialisierung sagen mag, sie regen die Phantasie in einer Weise an, die vorher nie da war. Zugleich wecken sie neue Ängste. Ein Verlust der mühsam gewonnenen Kontrolle über die Natur, die Warenkreisläufe, den eigenen Körper und das eigene, untadelig rationale Funktionieren ist höchst bedrohlich. Wer weniger kontrollieren kann, muß auch weniger Angst vor dem Verlust dieser Kontrolle haben. Wo Krankheiten unerkannt und unheilbar über die Menschen herfallen wie wilde Tiere, wo Hungersnot jeder schlechten Ernte folgt, ist die Außenwelt so wenig beherrschbar, daß auch der einzelne sich nicht beherrschen muß. Er kann sich leidenschaftlich verlieben und alle Abhängigkeit in diesem Gefühl erlauben, das Leben ist unsicher genug. Die Macht seiner Kontrolle reicht nicht weit, er kann sich seinen inneren Mächten so überlassen, wie er zwangsweise den äußeren überlassen ist. In den vielen Schritten des Prozesses der Zivilisierung* wird die Kontrolle über die Umwelt immer größer und parallel dazu die Kontrolle über die Gefühlsäußerungen. Nun kann man Gefühle nicht durch Vernunft bezwingen (anderslautende Gerüchte sind schlechterdings falsch), sondern nur durch andere Gefühle** – vor allem durch Angst. Angst bindet an die gesellschaftliche Wirklichkeit, auch wenn es die Lust nicht mehr vermag. Was dabei «neurotische Angst» (im Gegensatz zur «Realangst») ist, wird durch den jeweiligen sozialen Zusammenhang bestimmt. Der vorhin erwähnte «Naturmensch» würde unsere Angst vor emotionaler Abhängigkeit für unsinnig halten, während wir möglicherweise seine Angst vor alten Frauen mit entzündeten Augen und einer Triefnase für verrückt hielten. Die durch scheinbar schrankenlose Entfaltungsmöglichkeiten des Individuums mächtig angeregte Phantasie wird durch die Angst vor dem Verlust der Kontrolle über die Umwelt gezügelt. Das freie Individuum kann ins Grenzenlose schweifen, solange es seine Steuern bezahlt. Dieses Zusammenspiel von Überreizung der Phantasie und gleichzeitiger Lähmung durch Verlustangst macht die Widersprüche in den modernen Gesellschaften so schwer lösbar. (Zum Beispiel hindert seine Angst vor Kontrollverlust den Politiker, sich auf Phantasien über die nur allzu reale Gefahr der atomaren Selbstzerstörung einzulassen. Gleichzeitig mag er behaupten, «realistische Politik» zu machen, die darauf hinausläuft, daß es unmöglich ist, etwas zu ändern.)

* Vgl. die geschichtlichen Untersuchungen von Norbert Elias, Der Prozeß der Zivilisation I. u. II., Frankfurt (Suhrkamp) 1977.

** Vgl. A. O. Hirschmann, Leidenschaften und Interessen, Frankfurt (Suhrkamp) 1980.

Nora wurde als zweites Kind geboren. Ihre Eltern waren Ladenbesitzer in einer sauerländischen Kleinstadt, wobei die Mutter ihr eigenes Geschäft hatte und sogar etwas erfolgreicher war als der Vater. Die ängstliche, überangepaßte Mutter, der immer am wichtigsten war, was die Leute sagen und denken würden, hatte wenig Zeit für das Kind. Nora wandte sich dem Vater zu, aber auch dieser enttäuschte sie, beachtete sie nur, wenn sie sich mit ihm stritt. So ergab sich ein heftiges Hin und Her. Sie hörte nicht auf, den Vater zu provozieren, und er nicht, sie zu schlagen. Mit siebzehn machte sie einen Selbstmordversuch. Sie hatte das Geschäft der Mutter geführt, während diese in der Kur war. Es wurde ein großer Erfolg, sie war beliebter bei den Kunden als die Mutter. Gleichzeitig hatte sie auch den Haushalt versorgt und den Vater bekocht, der sehr zufrieden mit ihr war. Als die Mutter zurückkam, lobte sie Nora nicht, sondern bekrittelte Kleinigkeiten, die diese im Laden anders gemacht hatte. Sie schluckte verzweifelt eine Überdosis Schlaftabletten.

Nora wird sehr erfolgreich. Sie arbeitet viel. Aber sie kann sich nur sehr schlecht erholen, gehenlassen, geborgen fühlen. In schlaflosen Nächten plant sie, wie sie die Aufgaben, die vor ihr stehen, am besten bewältigt. Sie wird Sekretärin und fängt ein geheimes Verhältnis mit ihrem Chef an, der es nach einigen Jahren abrupt beendet und sich einer jüngeren Frau zuwendet. Wieder hat der Vater sie verraten. Sie ist entschlossener denn je, sich zu schützen, und stürzt sich in Arbeit. Einmal zeigt ihr eine Freundin einen Besucher und sagt: Das wäre doch ein Mann zum Heiraten. Es gelingt ihr, diesen Mann zu erobern. Beide beschließen von Anfang an, eine «offene Ehe» zu führen. Es gibt aber verborgene Hinweise dafür, daß Nora durchaus den Wunsch hatte, endlich den dauernden Kampf um Anerkennung zu beenden. Nach der Heirat erkrankte sie an einer seelisch bedingten Stimmlosigkeit. Sie konnte die Verkaufstrainings, die sie inzwischen mit großem Erfolg machte, nicht mehr durchstehen. Aber weder sie noch ihr Mann wollten auf dieses Zeichen achten. Sie wechselt den Beruf und ist bald noch erfolgreicher als früher. Nicht voneinander abhängig zu sein und zu werden, ist das erklärte Ziel der Beziehung, in der beide immer wieder außereheliche Verhältnisse haben. Sie leidet darunter, gibt es aber nicht zu und findet endlich Spaß daran, während der Ehemann sich immer deutlicher auf sie konzentriert. Es kommt zu Szenen, wo sie ihn öffentlich demütigt, vor gemeinsamen Bekannten kritisiert. Er wehrt es ab, indem er sich keine Kränkung anmerken läßt, und behauptet, er nähme Nora nicht ernst, sie sage heute das und morgen jenes. So übersteht er es, wenn sie lauthals versichert, sie habe ihn nie geliebt, er sei nur eine Last, ein Kind, um das sie sich kümmern müsse.

Nora kam in Therapie, weil sie sich in einen amerikanischen Geschäftsmann verliebt hatte. Er war eine undurchschaubare Persönlichkeit, erzählte von seiner Arbeit im Geheimdienst und von seinen großen Unternehmen weit fort. Er wollte unbedingt ein Kind von ihr. Sie war von diesem Gedanken begeistert. Gleichzeitig mochte sie ihren Mann nicht verlieren. Der Liebhaber war bereits mit einer Ehefrau und zwei Geliebten ausgelastet. Zu Beginn unserer Gespräche erzählte sie scheinbar gleichgültig, es sei schon einmal ganz ähnlich gewesen: Sie habe am selben Tag mit einem älteren Mann und mit ihrem Ehemann geschlafen und sei schwanger geworden. Weil aber nicht sicher war, ob das Kind von ihm sei, hatte der Ehemann auf einer Abtreibung bestanden. Auch jetzt ist er nicht bereit, die Ehe aufrechtzuerhalten, wenn Nora ein Kind von einem anderen erwartet. Sie wirkt unbekümmert und scheint sich eher Sorgen um ihren Mann zu machen als um sich selbst. Den amerikanischen Freund bewundert sie sehr. Das seien eben ganz andere Gefühle. Aber er sei weit weg, und der Ehemann gebe sicher den besseren Vater ab für das Kind.

Nach einiger Zeit wird der Schatten hinter dieser strahlenden Außenseite zweier eleganter Menschen faßbar. Man muß mühelos, erholt und strahlend wirken, aber dahinter steht die rastlose Verpflichtung, immer leistungsfähig zu sein, aus der nur der Traum vom fernen Geliebten einen Ausweg bietet. Nora, die in Geschäftsdingen und in der Öffentlichkeit zupackend und durchsetzungsfähig auftritt, fühlt sich in einer intimen Zwei-Personen-Situation oft ausgeliefert. Sie kann nurmehr an den anderen denken, stellt sich ganz auf ihn ein und ist gereizt, wenn er es nicht ebenso hält. Der Ehemann, der in der Öffentlichkeit wie ihr Schatten wirkt, kann zu zweit viel besser für die Erfüllung seiner Bedürfnisse sorgen als sie.

In der Therapie verliert der ferne Freund allmählich an Faszination. Die Beziehung zum Ehemann festigt sich, seit Nora mehr von ihren eigenen Wünschen ausdrücken kann. In ihren Träumen taucht der amerikanische Freund zwischen den Wäscheleinen und Wiesen der heimatlichen Kleinstadt auf. Die Vermutung liegt nahe, daß er der liebevolle Vater ist, von dem sie als Kind immer geträumt hat. In einem anderen Traum steht sie in einer Fabrik an einem Fließband. Darauf

sind aber keine Maschinen, sondern Männer, die sie alle mit dem Mund befriedigen muß.
Das auf den ersten Blick verwirrende, bizarre Bild wird so verständlicher. Nora scheint nach außen hin mit den Männern zu spielen. Sie will den einen zum Vater machen, den anderen zur Mutter. Dahinter aber steht der verzweifelte Versuch, sich in einer Welt zu behaupten, wo sie kein Verständnis für ihre Gefühle erwartet. Wenn sie sich auf ihre Gefühle verlassen könnte, hätte sie keine Angst, sich selbst zu verlieren, wenn sie den «nahen» Mann liebt. So aber versucht sie, beide Männer zu Spielbällen zu machen, weil sie selbst sich so fühlt. Und wie unvollkommen es ihr gelingt! Wie sie vor entscheidenden Situationen nicht handelt, sondern versucht, Einverständnis herzustellen! Sie hätte von dem jetzt mit dem fernen Geliebten geplanten Kind einfach nichts sagen müssen. Aber ihr Gewissen verbietet es ihr. Hinter diesem Gewissen steht die Sehnsucht nach Einigkeit und Übereinstimmung. Sie muß durch ihr kampferfülltes Leben immer wieder enttäuscht werden. Weil ohnedies klar ist, daß die Suche nach Geborgenheit ohne Aussicht auf Erfolg bleiben wird, sorgt man dafür, daß sie scheitert. Sicherungsmaßnahmen scheinen unentbehrlich. Der Vergleich mit der politischen Situation liegt nahe. Menschen sind Opfer ihrer Rüstungen, die sie geschaffen haben, um sich sicher zu fühlen. Jedes neue Waffensystem steigert eine fiktive Kontrolle von Unsicherheit («wenn ich wehrlos bin, fallen alle über mich her!») und vergrößert die reale Unsicherheit (der Gegner fühlt sich bedroht, steigert seinerseits die Rüstung: technische Fehler können zu verhängnisvollen Kettenreaktionen führen). Dabei verzehrt die ständige Aufgabe, das Rüstungssystem aufrechtzuerhalten, eine Menge Energie, die dringend zur Lösung der anstehenden Probleme benötigt würde. Ähnlich ist es auch mit dem Versuch, eine Gefühlsbeziehung durch Kontrolle und Leistung aufrechtzuerhalten und jede Unsicherheit in ihr zu vermeiden. Solche Beziehungen kosten sehr viel Kraft, vertragen sich aber gerade deshalb gut mit beruflichem Erfolg. Weil das Privatleben für die Mühe und Anstrengung, die man auf es verwendet, nur Enttäuschung und Ärger zu bieten scheint, ist der Lohn für die Leistung auf anderen Gebieten ein großer Trost, nach dem die Betroffenen hungern.

Noras Geschichte läßt sich als Ausdruck einer mangelhaften Bewältigung des Ödipus-Komplexes deuten. Sie hat sich nicht mit der überangepaßten Mutter identifizieren können und ist an ein ideales Bild des Vaters gebunden. Diese «klassische» psychoanalytische Auffassung mag man durch Aspekte der Grundstörung und des Symbiosemangels ergänzen. Die lükkenhafte Zuwendung durch die überlastete Mutter hat dazu geführt, daß nicht genügend Aspekte eines guten Objekts verinnerlicht werden konnten. Hingabe kann nur als bedrohliche Abhängigkeit erlebt werden. Beide Interpretationen scheinen mir sinnvoll. Sie ergänzen sich nach dem Modell einer mehrfachen Bestimmtheit menschlichen Erlebens.

Ein weiteres, wesentliches Symbol ist das Kind. Nora und ihr Mann hatten sich zunächst keine Kinder gewünscht. Ihre Beziehung sollte nicht den Charakter einer Verbindlichkeit gewinnen, die nach Abhängigkeit schmeckt. Jeder sollte jeden Tag alles beenden können – eigenes Konto, eigener Beruf, Unabhängigkeit in jeder Hinsicht. – Ein vergleichbares Paar, das über zwanzig Jahre zusammen lebte, hat mir einmal erzählt, sie hätten nie einen Urlaub vorausplanen können, weil immer im Gespräch war, ob sie nicht im nächsten Sommer nun *wirklich* auseinandergehen würden. – Weshalb wünscht sich Nora das Kind von einem anderen Mann – und warum hat sie schon einmal eine Abtreibung auf sich genommen, weil angeblich nicht klar war, wer nun der Vater des Kindes sei? Man könnte sagen, daß sie sich das Kind vom Vater wünscht, gleichzeitig aber die Mutter nicht verlieren will. Die erste Abtreibung wäre dann eine selbstauferlegte Strafe gewesen – und ein Appell an den Ehemann, einmal Gnade vor Recht ergehen zu lassen. Später entwickelte sie die Phantasie, sie würde zuerst von dem fernen Geliebten und dann von ihrem Ehemann ein Kind haben. Die Sehnsucht nach dem Kind wuchs, als sich längere Zeit keine Schwangerschaft einstellte, obwohl sie und ihr Mann alles dafür taten. Sie machte sich jetzt bittere Selbstvorwürfe über die Abtreibung. Mit dem Kind verknüpfte sie ihre bisher vermiedenen, regressiven Bedürfnisse – diese durften nur leben, wenn sie das Kind bekam. Sonst müsse sie auswandern und noch einmal ganz von vorne anfangen.

Das Kind ist ähnlich wie der ferne Geliebte faßbares Zeichen für das wenig greifbare Bedürfnis nach Geborgenheit und Nähe. Nora hat die klare innere Gestalt dieser Bedürfnisse verloren; daher braucht sie solche Symbole in der Außenwelt.

Problematisch an solchen psychoanalytischen Konstruktionen scheint mir jedoch, daß sie die Suche spätestens bei der Generation der Großeltern aufgeben – meist schon vorher, bei den Eltern. Die Kleinfamilie, das Elternpaar, sind wie vom Himmel gefallen. Das ist aus den praktischen Erwägungen der analytischen Arbeit verständlich. Diese läßt sich nur sehr vorsichtig über die unmittelbar beteiligte Person hinaus fortführen. Die Selbstüberschätzung, mit der Analytiker oft Aussagen über die Personen von Angehörigen (Eltern, Geschwister) ihrer Klienten machen, hat mich oft erstaunt. Wir wissen da immer nur sehr wenig, und das Wenige ist verzerrt.

Um eine Störung wirklich zu verstehen, wäre diese über das Aktuelle hinausgehende, gewissermaßen historische Psychoanalyse sehr sinnvoll. Manchmal erlebe ich, wie in der praktischen Arbeit die Untersuchung der Großeltern, ihres sozialen Umfelds, ihrer wirtschaftlichen Situation dem Klienten und seinem Analytiker neue Perspektiven erschließt. Ich erinnere mich an einen jungen Arzt, der nicht mit seinen Eltern zurechtkam und seine eigentliche Familie in der Studentenbewegung gefunden hatte. Er war verblüfft, als wir einmal feststellten, daß seine Mutter – für ihn stets die Verkörperung eines Alptraums bürgerlicher Zwanghaftigkeit – überhaupt nicht aus einem bürgerlichen Elternhaus stammte, sondern von einem Bauerngasthof. «Das war keine bürgerliche Erziehung, sondern das, was sich ein Dorfmädchen, das einen Studenten geheiratet hat, darunter vorstellte», meinte ich damals. Seine Unsicherheiten und Ängste erschienen dem Klienten jetzt in einem neuen Licht.

Ich nehme den Vorwurf entgegen, mich zusammen mit meinen Klienten meiner eigenen Neugier oder gemeinsamen Intellektualisierungen hinzugeben, und überlege weiter. Es gibt vorwiegend in der «schönen» Literatur Untersuchungen, wie Familien in ihrer Entwicklung verlieren, was ihnen zu selbstverständlich geworden ist. Neue Werte werden erworben, ohne daß zunächst deutlich wird, welche alten man für sie aufgeben muß. Thomas Mann hat in ‹*Buddenbrooks*› diesen Vorgang geschildert. Seine Auffassung als «Verfall einer Familie» drückt eine Vereinfachung der Vielfalt möglicher Entwicklungen aus, wie sie ja auch der Analytiker ständig vornimmt. Darüber hinaus erlaubt diese Auffassung auch, den Zusammenhang zwischen dem familiären Schicksal und dem gesellschaftlichen Prozeß herzustellen. Der Zerfall der Familien, die mangelhafte «Seriosität» der Kunst, ja letztlich des Lebens und der Natur in einer amoklaufenden Geschäftswelt sind Themen, die heute aktueller sind denn je. In der bürgerlichen Gesellschaft des 20. Jahrhunderts hatten die erfolgreichen Väter und Mütter nur ganz selten *keine* erheblichen Probleme mit ihren Familien. Wie in jenen ölgefüllten Lampen, wo scheinbar für jede silberne Schuppe, die nach oben getragen wird, eine andere heruntersinkt, kann der Selfmademan nur sehr selten weitergeben, was ihn stählte. Seine Nachfolge treten andere an, die keinen erfolgreichen Vater hatten, sondern einen Arbeiter, der seinen Lohn versoff und im Sohn den Wunsch weckte, einmal nach ganz oben zu kommen.

Das klingt nach einer Romanvorlage. In der Tat haben sich die Erzähler seit jeher am meisten für dieses Zwischenreich von Geschichtsschreibung und Psychologie interessiert, in dem sich die Entwicklung von Familien abspielt. Ein Analytiker, der sie überhaupt zur Kenntnis nimmt und sich nicht in die Welt seiner eigenen Begriffe zurückzieht, in denen immer wieder die gleichen selbstversteckten Ostereier aufgefunden werden, gerät ins Grübeln. Er beginnt einen soliden Verdacht gegen seinesgleichen zu hegen, die sich oft anmaßen, nun Bescheid zu wissen über die richtige, die beseligende Form von Erziehung. Nachher ist man immer klüger! Er hat grundsätzlich den Vorteil dieser Perspektive. Aber vorherzusagen, welche Form der Erziehung nun welche Folgen hat? Das scheint ähnlich aussichtsreich, wie von Marx zu erwarten, daß er vorhersagt, was die Russen oder die Chinesen aus seinen Theorien machen.

Die bürgerlichen Ärzte haben das Problem somatisiert. Sie sprachen von «Dekadenz», von einer Art Verbrauch der Erbanlagen durch die Anforderungen des Lebens im Kapitalismus. (Die Adeligen mit ihren viel längeren Stammbäumen haben sich jahrtausendelang nicht um dieses Problem gekümmert.) «Frisches Blut» tat not. Für den Emporkömmling und die erste Generation seiner Kinder gab es viele Schwierigkeiten nicht, die sich in einer längeren besitzbürgerlichen Familientradition einstellen. Die Kinder konnten vielleicht noch glauben, daß der glücklich wird, der «es zu etwas bringt». Die Enkel glaubten es nicht mehr. Sie hatten zuviel Elend hinter der Fassade miterlebt. Zuviel Regression war an sie abgetreten worden, zu viele verwirrende Ansprüche. Die Möglichkeit regressiver Befriedigung und sozialer Erfolge durch den Ausdruck von Gefühlen, nicht nur durch Anpassung und Leistung, kann geraume Zeit entbehrt werden. Aber nicht für immer. Wer nur arbeiten und nicht auch lieben gelernt hat, kann selbst noch sehr erfolgreich sein. Aber er muß Glück haben (zum Beispiel eine Partnerin oder einen Partner finden, die ihm gerade in diesem Punkt nicht ähnlich sind), wenn er nicht in seinem Privatleben und durch das Heranwachsen seiner Kinder enttäuscht werden soll.

Das muß genauer belegt werden. Ein Vergleich mag noch einmal verdeutlichen, worum es geht. Auch in anderen geschichtlichen Verläufen kann man erkennen, daß Menschen nur selten genügend Vorstellungskraft besitzen, um nicht das geringzuschätzen, was sie schon haben. Sie geben es fast immer bedenkenlos für das hin, was sie noch nicht haben. Immer wird vorwiegend die Last des Gegenwärtigen gesehen. Das weniger Wertvolle, da unbekannt, erscheint in anziehendem Licht. So gibt der «Hans im Glück» des Märchens den Goldklumpen für das Pferd, das Pferd für die Kuh, die Kuh für die Gans, die Gans für den Schleifstein, und endlich den Stein für ... nichts. Aber während Hans zu seiner Mutter heimkommt, verirren sich andere rettungslos in dieser Geschichte. Millionen Menschen haben schon ihre Körbe für Plastiktüten, ihre bemalten Tontöpfe für alte Konservendosen, ihren ländlichen Frieden für den Smog der Metropolen drangegeben. Sie wußten nicht, was sie hatten. Als sie erkannten, was sie verloren, war es zu spät. Das überlieferte Kolonialgeschäft – Glasperlen, Schnaps und Flinten gegen Elfenbein, Pelze, Land – findet in abgewandelter Form überall statt, wo sich eine Industriegesellschaft ausdehnt. In den Familien sieht diese Entwicklung so aus, daß die scheinbar belanglosen, allzu vertraut gewordenen Ausdruckswerte (wie Gefühlsbeziehungen und mit ihnen verknüpfte Wünsche) leicht entbehrlich scheinen, wenn nur die Anpassungswerte stimmen (wie Leistung, Kontrolle, Orientierung an den Forderungen der Außenwelt). Das geht so lange noch einigermaßen (beileibe nicht gut), wie die mißachteten Ausdruckswerte in Nischen und Schattenzonen überleben. Üblicherweise werden sie noch eine Spanne Zeit von den Frauen verwaltet.

In einer Selbsterfahrungsgruppe, die sich ein Wochenende lang trifft, fällt mir Georg auf. Er ist älter als die anderen, korrekt gekleidet, freundlich und sehr bemüht, nichts verkehrt zu machen. Deshalb schaut er auch aus dem Augenwinkel immer auf mich. Er sagt lange Zeit nichts, hört zu und gibt Ratschläge, wie dies und jenes anzupakken sei. Endlich wird es einem Gruppenmitglied zuviel. Georg solle endlich aufhören, so von oben herunter zu reden. Weshalb denn er überhaupt da sei? «Ich finde nicht, daß ich von oben herunter rede», sagt Georg. «Aber wenn du es sagst, dann wird schon etwas dran sein.

Und ich bin hier, weil meine Frau sagt, ich hätte keine Gefühle, oder ich könnte sie nicht zeigen. Das meint sie, und da hat sie vielleicht auch recht, aber ich glaube nicht, daß ich keine Gefühle habe. Daß ich mich schwertue, sie auszudrücken, das kann schon sein. Ich bin schließlich Ingenieur. Aber ich verstehe nicht, weshalb sie jetzt auf einmal so unzufrieden ist. Vielleicht liegt es daran, daß sie so eine Ausbildung macht, über Eheberatung und so. Da sind auch solche Gruppen dabei. Ich glaube ja nicht, daß sie recht hat, wenn sie sagt, ich hätte sie nie geliebt. Aber vielleicht ist doch etwas dran? Ich frage dann immer, was ich machen soll, daß sie es mir glaubt, und gerade diese Fragen regen sie besonders auf. Ich will ja keinen Ratschlag von euch, ich weiß ja, daß das nicht richtig ist, aber vielleicht einen kleinen Tip?»

Georgs Art, einerseits jede mögliche Kritik vorwegzunehmen und andererseits eine schier unbegrenzte Fähigkeit zur Anpassung und Leistungsbereitschaft an die Stelle des emotionalen Kontakts zu setzen, ist sicherlich auf seinem Weg zu einer leitenden Stellung in einem großen Konzern nützlich gewesen. In seiner Ehe geht es so aber nicht weiter. Ein Jahr nach diesem Wochenende kam er wieder zu mir. Er war inzwischen bei einem Nervenarzt gewesen, der ihn angehört und ihm gesagt hatte, seine Persönlichkeit sei bereits so erstarrt, daß eine aufdeckende Behandlung sinnlos, ja gefährlich wäre. Wir einigten uns auf eine Gruppentherapie. Er trennte sich von seiner Frau, versuchte sehr vorsichtig, Kontakt mit anderen Frauen zu finden, und konnte mit seinen erwachsenen Kindern offen reden (vor denen er den Ehekonflikt bisher verborgen hatte, weil er fürchtete, sie würden dann nichts mehr von ihm wissen wollen und sich ganz auf die Seite der Mutter stellen). Es blieb ihm lieb, wenn andere seine Gefühle errieten und er sie nicht selbst ausdrücken mußte. Aber er sagte nicht mehr so oft «vielleicht» und «ich weiß nicht», er war beharrlich und geduldig, so daß er nach einiger Zeit in der Gruppe guten Kontakt fand. Nach anderthalb Jahren beendete er die

Therapie, weil der Grund zu ihr fortgefallen war: Seine Frau hatte ihm erklärt, sie wolle jetzt wieder mit ihm zusammen leben.

Die späte Krise in Georgs Ehe zeigt, wie lange eine auf wechselseitiger Anpassung beruhende Beziehung stabil bleiben kann. Sie «funktioniert»; das täuscht über die Armut an Gefühlsausdruck in ihr hinweg. Erst als die Frau anfängt, ihre Rolle genauer anzuschauen (der Anlaß – und das ist nicht paradox – wird ihre Eheberaterausbildung), kann sie auch Forderungen formulieren. Sie tut das vermutlich so, daß sie eine lange Rechnung über das aufmacht, was sie an Mehranpassung «investiert» hat, und nun von Georg verlangt, er solle sich endlich an ihre Bedürfnisse nach einem «emotionaleren» Mann anpassen. Das treibt ihn in das oben beschriebene Dilemma: Wie passe ich mich an die Forderung nach mehr Gefühlsausdruck erfolgreich an?

Allerdings hat auch Georgs Frau anscheinend nicht beachtet, was sie durch ihre plötzliche Kritik und Unzufriedenheit zerstörte. Erst die Trennung und die Gefahr, ihren Mann zu verlieren, brachte sie dazu, wieder einzulenken. Ob sich die beiden jetzt näher sind als vor der Krise? Oder haben sie mehr Angst voreinander? Was sind das für Beziehungen, wo nach jahre- bis jahrzehntelanger Anpassung plötzlich ein solcher Abgrund erkennbar wird? «Du hast mich nie geliebt!» Es geht, wie immer wieder im Zusammenhang mit der Angst vor Nähe, um die Schattenseiten der gesellschaftlich so hochgeschätzten Anpassungsfähigkeit.

5 Über Anpassung und Liebe

Ich möchte nicht die Liebe predigen. Sie zu predigen, halte ich für vergeblich: keiner hätte auch nur das Recht, sie zu predigen, weil der Mangel an Liebe ein Mangel aller Menschen ist ohne Ausnahme, so wie sie heute existieren. Liebe predigen setzt in denen, an die man sich wendet, bereits eine andere Charakterstruktur voraus als die, welche man verändern will. Denn die Menschen, die man lieben soll, sind ja selber so, daß sie nicht lieben können, und darum ihrerseits keineswegs so liebenswert.

Theodor W. Adorno *

L'amour est tout simple

La Garance **

Ich habe bisher zwei Formen von Beziehungsschwierigkeiten untersucht, die zwar verschiedene Muster haben, aber eine ähnliche «Grundstörung». Sie läßt sich als Ersatz von Ausdruck durch Anpassung beschreiben. Durch kontrollierte Leistung soll eine zwischenmenschliche Situation bewältigt werden, die nur der Ausdruck autonomer Gefühle und Wünsche lösen kann. Die Angst vor Nähe, vor starken, liebevollen Ge-

* Erziehung zur Mündigkeit, Frankfurt (Suhrkamp) 1971, S. 101 f.
** In dem Film ‹*Die Kinder des Olymp*›: «Die Liebe ist ganz einfach.»

fühlen führt entweder dazu, daß eine enge Bindung vermieden wird, oder sie wird an einen Partner delegiert. Diesem wird dann in einem ständigen Kleinkrieg nachgewiesen, daß er nicht liebevoll genug ist. Die Beziehung muß ständig «verbessert» werden, es muß «an ihr gearbeitet» werden. (Daher sind solche Störungen gerade bei den hier besonders anspruchsvollen und leistungsbereiten Angehörigen der sozialen Berufe verbreitet.)

Manchmal werden beide Strategien verknüpft. Während in der Ehe dem Partner bewiesen wird, wie unzulänglich, zugeknöpft und lieblos er ist, richten sich heftige Gefühle auf einen fernen Geliebten (oder eine ferne Geliebte). Eine andere verbreitete Strategie ist die Abspaltung wesentlicher Teilbereiche. Ein Partner ist für Gespräche und Geborgenheit zuständig; man kann jedoch nicht mit ihm schlafen (oder nur ganz selten). Daneben gibt es phantasierte oder reale Partner, mit denen wenig Geborgenheit möglich ist, die sexuelle Befriedigung jedoch intensiv erlebt wird.

Das Motto aus ‹*Carmen*› («Die Liebe vom Zigeuner stammt – liebst du mich nicht, bin ich entflammt!») habe ich bereits zitiert. Immer wieder richten Menschen ihre Leidenschaft auf «unmögliche» (verheiratete, bindungsscheue, weit entfernte) Geliebte. Dieser Vers drückt nichts über die Verhaltensweisen von Zigeunern aus, aber viel über die Ängste des Bürgers. Sie richten sich auf eine losgelassene, ungezügelte Macht der Gefühle, die er scheut und nach der er sich sehnt. Früher hätten verängstigte Männer Carmen als Hexe verbrannt. Jetzt werfen sie ihr Unzuverlässigkeit vor. Sie unterstellen dieser einen Plan. Wie fressendes Feuer verzehrt Carmen die Männer, welche sie gewonnen hat, und richtet ihre glühenden Augen auf jene, die sie noch nicht eroberte. Mit solchen Gründen wird von Mönchen und Esoterikern (wie Castaneda) der Verzicht auf sexuelle Faszination als Vorbedingung geistiger Entwicklung gefordert. So scheint die Gefühlsmacht jenen besonders gefährlich, die nicht fest im Streben nach irdischen Gütern verwurzelt sind.

Die andere Erscheinungsform der hier beschriebenen Beziehungsstörung ist «bürgerlicher». Der ferne Geliebte oder Carmen bleiben undurchschaut und unberechenbar. Sie lösen heftige Gefühle aus, einen Sturm von Sehnsucht und Eifersucht, einen Traum von einem fernen Glück. Eine gemeinsame Lebensbasis, Kinder kommen nicht zustande. Das Gefühl kann sich rein erhalten, weil es sich nicht mit solchen Wirklichkeiten auseinandersetzen muß. Es bleibt eine von Phantasien getragene Macht. Diese Phantasien sparen wesentliche Teile der Realität aus. Die Angst vor Nähe, vor gefühlsbestimmter Hingabe ist verborgener.

Ein Bild für die symbiotische Ehe sind zwei Roboter, die einander gegenübersitzen (die Fortentwicklung der beiden Gestalten, von denen jede sagt: «Ich möchte einmal so richtig geliebt werden!»). Jeder dieser Roboter hat die Hände an der geöffneten Schädeldecke des anderen und versucht, mit allen möglichen Werkzeugen die Schaltungen und Programme in dessen Steuerungszentrum zu verändern. Das Ziel ist Harmonie, Übereinstimmung. Dazu gehört die Spaltung des Gegenübers in passend und unpassend, geliebt und gehaßt. Die Beziehung ist ambivalent. Der andere wird als Utopie seiner selbst geliebt. Er muß entwickelt und verändert werden. Tut er das nicht, wird er kritisiert und abgelehnt. Fast immer hat der Partner dieselbe Haltung. Auch er ist bereit, Anpassung anzubieten und es nicht mit Liebe genug sein zu lassen.

Ein anderes Bild für diese Situation sind zwei kleine Länder, vergleichbar etwa den Stadtstaaten der griechischen Antike. Sie beschließen, ein Bündnis einzugehen. Aber die Welt ist voller Mißtrauen, Vertragsbruch und Krieg. So liefern sie einander Geiseln aus, die im Fall eines Friedensbruchs hingerichtet werden sollen. Sie legen Besatzungen in die Burgen ihrer Bündnispartner. Damit werden die Beziehungen an den Grenzen der beiden Länder schwierig. Es verhandeln nicht zwei in sich geschlossene, autonome Gebiete. Jeder hat in seinem Inneren auch Geiseln und eine möglicherweise feindliche Besatzung. Die «Geiseln» sind dann Anpassungs-Vorleistungen; die «Besatzung» ist der Gewissensdruck, der auf den anderen ausgeübt werden kann, wenn er seine Leistungsversprechen nicht einhält.

Veronika lernt Xaver kennen. Er hat ein Kind und will sich von seiner Frau trennen. Diese möchte, daß Xaver für das Kind sorgt. Er traut sich das nicht allein zu. Veronika, die Xaver halten will, erklärt ihm, sie liebe Kinder und sei gern bereit, Mitverantwortung zu tragen. Im Zusammenleben ist sich Veronika unsicher, ob Xaver sie wirklich mag und nicht nur ausnützt. Xaver sucht die Kränkung, die für ihn das Ende seiner ersten Ehe bedeutet, durch verstärkte berufliche Arbeit auszugleichen. Veronika macht ihm manchmal Szenen. Er hätte seine erste Frau mehr geliebt, sie geheiratet (während er bei ihr zögert), Kinder mit ihr gehabt (was er nicht möchte). So bietet Xaver seine Gegenleistungen. Er heiratet Veronika und ist mit einem zweiten Kind einverstanden. Aber Veronika fühlt sich auch als Ehefrau und Mutter vernachlässigt. Xaver entdeckt, nachdem er soviel für Veronika getan hat, sein Interesse für andere Frauen. Sie fangen an zu streiten. «Ich wollte nie für dein Kind sorgen», sagt Veronika. «Du hast mich immer nur ausgebeutet und benützt. Das mache ich nicht mehr mit!» (Geiselmord. Die Besatzung eröffnet die Feindseligkeiten. Xaver ist voll von schlechtem Gewissen.) «Ich hab dich geheiratet und das Kind mit dir gekriegt, obwohl ich es eigentlich nicht wollte. Ich hätte das nie tun sollen, denn es ist ganz unmöglich, dich zufriedenzustellen», sagt Xaver. (Geiselmord. Die Besatzung eröffnet die Feindseligkeiten. Veronika ist voll von Schuldgefühlen, weil sie so unzufrieden ist.) Parallel dazu werden Eroberungszüge unternommen, um hochgeschätzte Gebiete des Partners zu besetzen. Veronika will zum Beispiel Xaver behalten, weil sie sich durch die Ehe sozial aufgewertet fühlt. Xaver hingegen will die sexuelle Beziehung zu Veronika. Da die Feindseligkeiten eröffnet sind, kommt es auch hier zu Kämpfen: «Du willst mich ja nur als Aushängeschild», sagt Xaver etwa. «Du willst ja nur mit mir schlafen, geh doch zu einem von deinen Weibern», sagt Veronika.

Beweist das Schicksal der Ehe von Xaver und Veronika nur die sprichwörtliche Weisheit, daß man Geschäft und Liebe trennen soll? Wenn das so einfach wäre! Außer der Forderung und dem Wunschtraum, daß irgendwo das geheimnisvolle Reich der Liebe beginnen muß, haben Elternhaus, Schule und Studium beide nur für das vorbereitet, was sie dann auch tatsächlich tun: sich Noten dafür zu geben, ob sie es *nun* richtig machen oder nicht. Stellen sie am Ende fest, daß sie sich nicht richtig geliebt haben? Im Gegenteil. Sie haben sich nur richtig geliebt. Sie haben getan, was sie konnten. Aber ihre Liebe hat keine subversive Kraft entfaltet, hat ihnen keinen Halt in dem Anpassungsstrom geboten, in dem sie schwimmen mußten. Woher sollten sie auch die Kraft dazu gewinnen? Wo alle Übung ihrer Kräfte doch dahin führen muß, es so zu machen, wie sie es gemacht haben? Woher sollen sie wissen, daß da, wo sich Menschen lieben, die Frage, ob sie sich richtig lieben, keine Bedeutung mehr hat? Eine Welt ohne Gefühle ist lieblos. Eine Welt ohne Normen ist chaotisch. Unsere Ordnungsvorstellungen sind meist lieblos. Sie rotten das Unerwünschte, Unzweckmäßige aus, die Ureinwohner, die wilden Pflanzen.

Das Problem liegt in den Machtverhältnissen. Die Ordnung läuft Amok, unterstellt aber den Gefühlen, sie würden das tun, wenn man sie ließe. Die Anpassungsfähigkeit, als Dienerin nützlich, schwingt sich zur Herrin auf. Die innerseelischen Parallelen zu den gesellschaftlichen Entwicklungen sind deutlich: Wer glaubt denn noch, daß unsere Bürokratie, unser Staat, unsere Justiz, unser Militär für die Menschen da sind und nicht umgekehrt? Wie kann ein Mensch glauben, das in allen Bewertungen «Beste» an ihm sei nicht auch gut für die Liebe? Die Angst vor Nähe hängt damit zusammen, daß ein (oft unbewußt) sehr moralischer Mensch sich auf keine Verbindlichkeit einlassen will, weil er fürchtet, jeder Ausdruck starker Gefühle werde zu einer Art Liebesnorm, lege ihn für immer fest, unentrinnbar.

Ich will im folgenden typologisch Erscheinungsformen von

«Anpassung» und «Liebe» als vorherrschende Stile einer Beziehung darstellen.* Es wird für den Kenner der familientherapeutischen Literatur deutlich werden, daß beispielsweise die Gegenüberstellung von Symbiose und Abgrenzung, von unreifer, «narzißtischer» und reifer Beziehung, zwischen «dualistischer» und «dialektischer» Auffassung verwandte Inhalte haben. Ich stelle das Problem lieber in einer möglichst alltagsnahen Sprache dar. Zudem will ich nicht mit einem naiven Verständnis von «Beziehungspathologie»** oder «kranken» und «gesunden» Beziehungen auftreten. Anpassung und Liebe sind *beides* für unser Überleben notwendige Werte. Ich bin mir bewußt, daß solche Begriffe vieldeutig sind und auch die Anpassung emotionale Bereiche einschließt. Aber ich glaube, daß doch anschaulich gemacht werden kann, was gemeint ist, immer bezogen auf die Situation der europäischen, «zivilisierten» Zweierbeziehung. Auch jede Kritik an Normen ist in Gefahr, normativ zu werden.

1. In der Anpassung versuche ich so zu sein, wie mich der andere haben will. Ich bin unsicher, ob es seinen Ansprüchen genügt, wenn ich ihn nur liebe und mich nicht auch um seinetwillen einschränke, verändere, anstrenge. Ich leiste etwas und will etwas haben dafür: daß nämlich der andere, dem ich entgegenkomme, sich auch meinen Erwartungen fügt. Diese Umgangsform verspricht da Erfolg, wo der Austausch abgrenzbar und genormt ist, wo Arbeitskräfte, Waren, Geld und Dienstleistungen eine Rolle spielen. In der Liebe freue ich mich, mit dem anderen zusammenzusein. Ich drücke meine Gefühle aus,

* Ein Teil dieser Typologie ist bereits in Partnerberatung, 19 (1982), S. 202–204, erschienen.

** Diese Auffassung sehe ich zum Beispiel in dem Versuch Jürg Willis, «krankhafte» Beziehungsmuster als «Kollusion» zu beschreiben und mit psychiatrischen Fachausdrücken zu belegen – gestörte Individuen, die in einer heilen Welt nicht zusammenfinden.

berufe mich auf sie und auf nichts anderes. Ich schränke sie nicht ein auf bestimmte Erwartungen. Mit oder ohne Worte sage ich, wie mir zumute ist. Dieser Ausdruck ist Selbstzweck, kein Mittel, um etwas zu erreichen. Daher ist es vielleicht traurig, aber nicht falsch, böse, ausbeuterisch, wenn ich nicht zurückbekomme, was ich mir wünsche. Ich bin froh, mich selbst ausdrücken zu können, und hoffe, daß angenommen wird, was ich gebe.

2. Anpassung erzeugt oft Haß auf den, der sie fordert und damit die innere Unterdrückung des Unangepaßten in mir erzwingt. Dieser Haß kann gegenwärtig entstehen oder aus einem Speicher alter Gefühle fließen, sich gegen frühere Tyrannen richten. Da er die Beziehung gefährdet, muß er verborgen und ungeschehen gemacht werden – durch neue Anpassungen, die ihn weiter verstärken. Da der unterdrückte Haß die spontanen Liebesäußerungen erschwert, treten kontrollierte an ihre Stelle. Die Beziehung wird zu einem Geschäft, in dem mit Liebesbeweisen gehandelt wird. Jeder überwacht die Leistungen des anderen und prüft sie genau.

3. Die Liebesbeziehung ist mühelos. Zusammengehörigkeit muß nicht bewiesen werden und ist doch deutlich. Die beiden gehen nicht bewundernd, aber liebevoll miteinander um. Sie können einander ihre Schwächen ebenso lassen wie ihre Stärken. Ihr Ziel ist es, sich in der Zeit wohl zu fühlen, die sie miteinander verbringen. Ihr Verhalten entspricht in seinen Einzelheiten diesem Ziel. In der Anpassungsbeziehung dagegen wird gearbeitet, um sich, den anderen, die Beziehung zu verbessern. Die Liebe und das Glück liegen verheißungsvoll in der Ferne, werden aber in der Gegenwart nicht lange geduldet, weil sie zu schlaff machen könnten für die große Aufgabe. Erst wenn diese oder jene Verbesserungen erreicht sind – vielleicht! Um dieses erhabene Ziel zu erreichen, sind im alltäglichen Umgang kleine oder größere Lieblosigkeiten erlaubte Mittel, um den hohen Zweck zu fördern.

4. Liebesbeziehungen sind einfach und werden einfacher, je länger sich die beiden kennen. Anpassungsbeziehungen sind schwierig und werden schwieriger, je länger sich die beiden kennen. Liebesbeziehungen sind unbelastet – beide bemühen sich, die Hindernisse zu vermindern und zu verkleinern, die zwischen ihnen sind oder die sie tragen müssen. Anpassungsbeziehungen sind belastet. Jeder macht für seine Leistungen eine Rechnung auf, die immer länger und undurchschaubarer wird. Zugleich führt er Buch über die Leistungen des anderen und vergleicht. Wer aus Liebe etwas tut, erhält seinen Lohn in seinem Handeln, denn er drückt ein lebendiges Gefühl aus und verwirklicht sich selbst. Wer aus Anpassung etwas tut oder auf etwas verzichtet, was den anderen kränken könnte, macht eine innere Rechnung auf, die ihn an Vergangenheit und Zukunft bindet, aber der Gegenwart weitgehend beraubt. So verbringen die beiden in einer Anpassungsbeziehung oft lange Zeit damit, sich über vergangene Taten oder Unterlassungen zu streiten oder hoffnungsvolle Rechnungen für die Zukunft aufzumachen, denn ihre Gegenwart miteinander ist unbefriedigend und leer.

5. In der Gefühlsbeziehung drückt die körperliche Vereinigung aus, was zwischen beiden lebendig ist. «Liebestechniken», angestrengtes Bemühen um Orgasmen sind überflüssig, weil über Gefühle und Wünsche gesprochen werden kann oder auch geschwiegen werden darf – über erfüllbare und nicht erfüllbare. In der Anpassungsbeziehung betritt unsicheren Boden, wer einen Wunsch äußert, der nicht in den geregelten Austausch von Leistungen paßt. Wünsche sollen erraten, ohne offenen Ausdruck einseitiger Bedürftigkeit erfüllt werden. Die körperliche Vereinigung betäubt den Schmerz und die Unzufriedenheit, die aus dem Nie-ganz-Zusammenpassen der Leistungen füreinander entstehen. Der Körper wird in Leistung und Tausch einbezogen. Seine Verweigerung ist dann Strafe oder Rache für zuwenig Anpassung an die eigenen Erwartun-

gen. Oder der Körper wird aus Anpassung, nicht aus Liebe preisgegeben und dem anderen überlassen, um daraus Forderungen abzuleiten. «Wenn wir uns nicht verstehen, kann ich nicht mit dir schlafen!» – «Wenn du nicht mit mir schläfst, können wir uns nicht verstehen!» Solche Pattsituationen sind häufig.

6. Anpassung beschwichtigt die Angst vor einem Verlust, der gerade deshalb ständig gefürchtet wird, weil das Bedürfnis, geliebt zu werden und Liebesbeweise zu erhalten, soviel stärker ist als die eigene Liebe und mit ihr das Vertrauen in die Liebe des anderen. Wo Liebe herrscht, ist die Angst vor ihrem Verlust erträglich: Er ist traurig, aber er enthält keinen Beweis des Versagens, der Unfähigkeit, keinen Anlaß für Wut und Rache. Wo Anpassung herrscht, bedroht immer Wut die Liebe, und die Angst vor dem Verlust wird unerträglich. Die Anpassung verspricht, aus den unberechenbaren und wie das Leben selbst niemals maschinenmäßig gleichen Gefühlen eine technische Sicherheit zu gewinnen. Das Streben nach Sicherheit läßt endlich jede Sicherheit verlieren, ähnlich wie das Streben nach dauerndem Glück in dauerndes Unglück einmünden muß. Alle nicht erwarteten, nicht vorhergesehenen Veränderungen sind bedrohlich. Die Überwachung des anderen soll die frühe Beziehung zur Mutter wiederherstellen und mit den Machtmitteln sichern, die dem Erwachsenen verfügbar sind. Es soll im Grunde nur einen geben, der andere ist seine Ausweitung, die ihn mächtiger macht, die ihm Schutz gibt in einer bedrohlichen Welt. Weil die Anstrengungen, Sicherheit zu gewinnen, diese nicht herstellen, entsteht Wut. Sie bedroht die Anpassung und damit die Beziehung, für die schon soviel geopfert wurde. Das macht angst.

7. Anpassung verlangt Gleichheit, Liebe überbrückt Verschiedenheit. Gleichheit heißt: Gefühle, Werte, Zeiten, Orte, sexuelle Erregungen müssen übereinstimmen und zu den entsprechenden Erwartungen passen, sonst drohen Beziehungs-

verlust und Einsamkeit. Um diese Abhängigkeit von einer zwischen verschiedenen Menschen nie herstellbaren Gleichheit weniger angstvoll zu machen, versucht der Anpassungsbereite, dem anderen etwas abzunehmen. Er sucht sich gerade den «schwierigen» Partner, den Fremden, den Gestörten, für den er viel tun kann und muß. Er macht sich und ihn zum Halbmenschen, tut so viel und so Schwieriges für ihn, daß er unentbehrlich wird. Er geht mit dem anderen um wie mit einer feindlichen Stadt, zu der nur ein mißtrauischer Friede hergestellt werden kann. Um ihn zu sichern, liefert man einander die Blüte der Jugend aus, Kinder der Edlen. Sie müssen sterben, wenn der Friede gebrochen wird. Der in seiner Anpassungsbereitschaft Enttäuschte verwandelt sich in einen rachsüchtigen Verfolger. Er kann gar nicht anders, als sich den Tod des einst Geliebten als sauberste Lösung der Beziehung vorzustellen. Kinder, Hausrat, Geld werden in Strafexpeditionen geopfert, um das neue Ziel zu erreichen, das an die Stelle der vorher erstrebten Gleichheit und Harmonie getreten ist: den Ausbeuter zu vernichten, der sich künftiger Ausbeutung entzieht.

6 Die Strategie der Symbiose

> Wenn eine Betschwester einen Betbruder heiratet, so gibt das nicht immer ein betendes Ehepaar.
>
> Georg Christian Lichtenberg (1742–1799)*

> Und wer ein Ding zerbricht, um herauszufinden, was es ist, hat den Pfad der Weisheit verlassen.
>
> J.R.R. Tolkien**

Während die Menschheit in die Postmoderne aufbricht, ausgerüstet mit Raumfähren, Kabelnetzen und Computersystemen der fünften Generation, registriert der Beobachter unserer Seelenlandschaften ein gegensätzliches Bild. Die Kindheit wird immer wichtiger. Immer frühere Ereignisse werfen einen schwarzen, gefährlichen Schatten auf sie. Freuds Entdeckung des Ödipus-Komplexes war ein erster Schritt. Die ödipal geschädigten Personen erscheinen in Abhandlungen über unseren seelischen Zustand geradezu als Muster seelischer Gesundheit, vergleicht man sie mit dem Heer der Frühgestörten.*** Progression und Regression klaffen immer weiter auseinander.

* Aphorismen, ausgew. v. A. v. Gleichen-Rußwurm, Berlin (Deutsche Bibliothek), o. J., S. 114.

** The Fellowship of the Ring, New York (Ballantine) 1965, S. 339.

*** Ein Beispiel dafür ist Th. Ziehe, Pubertät und Narzißmus, Frankfurt 1975, der den «klassischen neurotischen Konflikt» im Gegensatz zur narzißtischen Störung nahezu mit seelischer Normalität gleichsetzt.

Die Rekorde im Sport werden höhergeschraubt. Menschliche Leistungsfähigkeit scheint zu wachsen wie das Bruttosozialprodukt, vielleicht nicht ganz so schnell. Vor allem die Frauen steigern sich. Ihre Unterlegenheit im Leistungssport war, wie ihre geringere Anfälligkeit für Herzinfarkte und Magengeschwüre, ein Zeichen dafür, daß die Regression in ihrem Leben noch mehr Platz hatte. Die Manager werden smarter und stromlinienförmiger. Mit ihren Köfferchen jetten sie durch die ganze Welt. Auf den Straßen und Plätzen begegnen sie Nichtstuern, die ihre bunten Haare und zerrissenen Jacken zur Schau stellen. Die effektive Arbeitszeit der Fleißigen steigt; parallel nimmt die Zahl der Frührentner, der Arbeitsunwilligen zu. Viele tun viel dafür, sich fit und gesund zu halten – Reformhäuser und Trimmcenter haben großen Zulauf. Viele tun viel dafür, sich möglichst schnell kaputtzumachen – zwei Millionen Alkoholiker und eine halbe Million Tabletten- und Heroinabhängiger allein in Westdeutschland.

Wir haben die Anpassung an den Partner als Gegenpol der Liebe beschrieben. Ich habe einmal literarische Entwicklungen untersucht und festgestellt, daß die technische Bestimmung unseres Lebens symbiotische Erlebnisformen fördert.* Der Mensch, von Maschinen umgeben und durch sie gefesselt («nur was ich nachbauen kann, habe ich verstanden», sagte der Verhaltensphysiologe Erich von Holst** einmal), überträgt diese Umgangsformen auf seinesgleichen. Die Anpassungsbeziehung, die Symbiose ist ein Versuch, aus zwei Menschen eine Maschine zu bauen. Dieser Versuch ist für die frühe Kindheit sinnvoll, wo die Rollen klar verteilt sind. Es ist für die Mutter unter günstigen Umständen möglich, dem Kind eine Welt zu

* W. Schmidbauer, Die Ohnmacht des Helden. Unser alltäglicher Narzißmus. Reinbek (Rowohlt) 1981, S. 216f.

** E. v. Holst, Verhaltensphysiologie. Ges. Abhandlungen II, München (Piper) 1970.

sein, welche die meisten (nicht alle) unausgesprochenen Bedürfnisse errät und befriedigt.

Im Leben des Erwachsenen gibt es vor allem zwei Symbole für die symbiotischen Erlebnisformen: die Maschine und die soziale Institution. Beide gleichen sich insofern, als ihre Teile auswechselbar und für die zielgerichtete Tätigkeit des Ganzen grundsätzlich ersetzbar sind. Komplizierte Maschinen warten und reparieren sich zum Teil selbst. Institutionen haben eigene Abteilungen für Personal und Entwicklung, die dafür verantwortlich sind, daß ihnen das Material für ihre Selbstregeneration nicht ausgeht. Der Unterschied zwischen diesen Regenerationsformen und den lebendigen liegt darin, daß Maschinen und Institutionen keine Regression kennen. Sie stehen still, aber sie schlafen nicht. Sie lösen nicht ihre progressiven Funktionen auf in Traum und Rausch. Kennzeichnend für den symbiotischen Umgangsstil ist zum Beispiel, daß der Ton der Stimme scharf und böse wird, wenn der Partner nicht so funktioniert, wie er sollte. Im Augenblick der Störung verschwinden die liebevollen Gefühle. Wie Maschinen oder Institutionen versuchen sich beide festzulegen, gibt es keinen Raum für periodische Unvollkommenheit. Daraus wird auch verständlich, weshalb in einen Symbiosekonflikt verwickelte Partner über die kleinsten Kleinigkeiten streiten. Es *gibt* eben keine Kleinigkeiten, wo eine Maschine oder eine Institution störungsfrei arbeiten soll. Wer einmal einen Motor repariert oder eine Bürokratie mit Formularen beschickt hat, weiß das.

In der Partnertherapie beklagt sich eine Frau darüber, daß ihr Mann ihr nicht erlaubt, eine bestimmte Bluse anzuziehen. Die Gruppe ist empört über diese Kleinlichkeit, bis sich herausstellt, daß sie ihn früher immer aufgefordert hat, ihr doch zu sagen, was sie anziehen soll. Damals fand sie es in ihrer Unsicherheit erleichternd. Heute symbolisiert die Bluse für den Mann: «Sie will nichts mehr von mir wissen», während sie für die Frau bedeutet: «Ich tue, was mir gefällt, und du bist schuld, wenn es nicht gutgeht!»

Typisch für den Symbiosekampf scheint, daß es unendlich schwierig ist, ihn zu verändern. Man kann das so verstehen, daß die handelnden Personen Teile einer Ganzheit – einer gemeinsamen Maschine – sind und bei Störungen gar nichts anderes denken oder wollen können, als diese Einheit wiederherzustellen. Nur wer sich selbst abgrenzt und zu unabhängigen Bewegungen fähig fühlt, kann handeln, kann Folgerungen aus einer bestimmten Situation ziehen. Die in den Symbiosekampf verwickelten Personen versuchen, nicht sich allein als handlungsfähige Ganzheit zu finden, sondern die Symbiose zu reparieren, indem sie das von ihnen als «richtig» Erlebte auch für den Partner durchsetzen. Daher gehen in diesen Konflikt verwickelte Menschen auf höchst unvernünftige und uneinsichtige Weise miteinander um, die den Außenstehenden zutiefst verwundert und erschüttert. Ihre Intelligenz, ihre Überredungsgabe und ihren Scharfsinn wenden sie daran, etwas zu erreichen, von dem sie längst wissen, daß es nicht erreicht werden kann.

«Ich weiß ja, ich kann meinen Mann nicht ändern», stöhnt eine Klientin im vierten Jahr ihrer Analyse. «Aber warum soll immer ich etwas tun! Soll doch er mal! Aber nein, immer wieder macht er genau dasselbe, das ist doch nicht auszuhalten! Ich krieg dann so eine Wut!»

Die charakteristische Reaktion der Nicht-Beteiligten ist die Ungeduld und die Neigung, entweder einen Partner als den Schuldigen auszugrenzen oder sich von beiden abzuwenden, weil «denen ja nicht zu helfen ist». Die Betroffenen wissen das meist und verbergen ihr Leid auch vor Freunden oder Therapeuten. «Ich kann doch nicht schon wieder damit anfangen! Da ändert sich ja nichts, da komme ich überhaupt nicht weiter!» Mir ist bekannt, wie lähmend dieser Konflikt sein kann, wie er die schlummernden Ungeheuer der Tiefen weckt und den Bodensatz an Gemeinheit und Rachsucht hochspült. Dennoch empfinden mich meine Klienten immer wieder als ungeduldig. Es ist ziemlich typisch, daß nach dem Gespräch mit einem symbiotisch verwickelten Menschen die Beteiligten ratlos und mit dem Gefühl, sich nicht recht geeinigt zu haben, auseinandergehen. In der darauffolgenden Stunde gelingt es dann meistens, doch wieder gegenseitiges Verständnis herzustellen. Obwohl ich nicht nur weiß, sondern auch selbst erlebt habe, wie schwierig es ist, sich aus diesem Konflikt zu lösen, scheinen meine Klienten einen Druck und eine Verständnislosigkeit zu spüren, die sich erst bei einem zweiten Gespräch auflösen lassen. Das kann daran liegen, daß ich gerade wegen meiner eigenen Betroffenheit versuche, zu rasch und zu ungeduldig eine Lösung zu finden. Aber mir scheint auch, daß diese Reaktion ein Teil der Schwierigkeiten ist. Wo der Symbiosekampf tobt, sind die Beteiligten oft außerstande, dritte Personen als liebevoll und zugewandt zu erleben.

Wenn ein verlassenes Kind auf der Straße weint, wird es fremde Menschen, die freundlich sind und ihm helfen wollen, schreiend zurückweisen, aber die eigene Mutter freudig begrüßen, auch wenn es weiß, daß diese Mutter es verprügelt. Das Bedürfnis nach Wiederherstellung einer symbiotischen Beziehung ist weit mächtiger als alle anderen Beziehungsbedürfnisse. Es setzt sich über Hunger und Durst hinweg, über die Angst vor sadistischen Eltern. Diese Unzugänglichkeit bekommt auch der Therapeut zu spüren. Es ist, als ob der Klient eine Zeitlang in der Beschäftigung mit weniger bedrohlichen Themen Kraft sammelt, den Therapeuten als gutes Objekt verinnerlicht, um sich dann wieder in den Strudel zu wagen, wo er dann auf einmal den Therapeuten als kritisch und böse erlebt. Wenn diese Abläufe – nachträglich! – verstanden werden können, ist es möglich, wieder festeren Boden zu gewinnen. Therapeut und Klient können sich einigen, daß es meist erst im nachhinein möglich ist, in der Arbeit am Symbiosekampf «zusammenzukommen».

Die Angst vor Nähe wird verständlicher, wenn wir den Symbiosekampf genauer untersuchen. Daß hier zwei Menschen so miteinander umgehen können, wie sie es sich niemals zugetraut hätten, macht begreiflich, weshalb andere diesen Hexenkessel meiden, in dem wie in einem Vulkan das Magma brodelt. Dabei zeigt gerade die leidvolle Enttäuschung über die Unmöglichkeit, aus diesem Kessel «herauszukommen», einen Schlüssel zur Lösung. Der Weg führt – bildlich gesprochen – in die Tiefen, in den Krater hinein, der da aufgebrochen ist. Die in den Symbiosekampf verstrickten Menschen streben danach, ein Stück der Außenwelt, von dem sie sich abhängig fühlen, so zu verändern, daß ihr Weiterleben möglich erscheint. In ihrem Gefühl geht es um Leben oder Tod. Ohne den erwarteten Zustand dieser Außenweltabschnitte sind sie unvollständig, handlungsunfähig, wie gelähmt.

> «Ich hätte mich gut erholt in dem Urlaub, wenn er nicht dagewesen wäre – so passiv, so gehemmt und dabei betulich, wie er mit den Leuten umging. Ich konnte es einfach nicht ertragen.» – «Weshalb haben Sie nicht weggesehen?» – «Ich konnte nicht. Ich mußte ihn immer beobachten. Ich habe es sogar versucht, einfach nicht darauf zu achten. Aber es war, als müßte ich erst ihn sehen, und wenn ich mit ihm einverstanden wäre, könnte ich auch andere sehen.» (Aus der Analyse einer dreißigjährigen Frau.)

Und der andere Weg? Er läßt sich als Zulassen einer Abhängigkeit von bisher wenig beachteten, für unwesentlich gehaltenen Teilen der *Innenwelt* beschreiben. Die Innenwelt der eigenen Wünsche läßt sich nicht so gut kontrollieren wie die Außenwelt. Das symbiotische Schlachtfeld zu räumen und bisher dunkle Gebiete des eigenen Erlebens aufzusuchen, macht angst. Der Kampf ist vertraut. Im Streit mit dem Partner, der ständig genauso unfair ist wie man selber, fühlt man sich beziehungsfähig. Man ist mindestens nicht schlechter als er. Aber aus diesem Feld herauszugehen, neue Beziehungen wagen? Wer weiß, ob es dann nicht noch schlimmer kommt?

Der Symbiosekampf ensteht, weil es kein festes Liebesobjekt gibt. Dieses muß erst geschaffen, erarbeitet werden. Es ist nicht möglich, sich auf die gegenseitige Liebe zu berufen wie auf eine Kraft, die den Streit beendet. Der Streit entsteht darum, wie die *richtige* Liebe aussieht. «Was du verlangst, ist zuviel!» Statt auf die Liebe, beruft man sich auf Gründe. Ich muß mich so verhalten, weil du dich so verhältst. Psychologisch gebildete Kämpfer führen die Eltern ins Feld. Du verhältst dich wie dein Vater, und darauf lasse ich mich doch nicht ein, wenn du so bist wie der! «Wir *passen* nicht zueinander» ist ein resignierter Schlußpunkt. Er drückt aus, wieviel Anpassung in der Beziehung steckt.

Der Symbiosekampf wendet die Mittel der ödipalen Rivalität an, um einen tieferen Zweck zu erreichen. Daher jetzt einige Gedanken zu «ödipal» («klassische» Neurose) und «präödipal» («Frühstörung»). Etwa im Alter von drei Jahren beginnt das Kind, sich mit den Eltern zu vergleichen. Das setzt voraus, daß sein Entwicklungszustand bereits fortgeschritten ist. Es muß «mithalten», laufen und sprechen können. Die in den von Ehrgeiz und Leistungsstreben bestimmten Gesellschaften typische Ausdrucksform dieser Situation ist nun, daß das Kind mit den Erwachsenen (und mit anderen Kindern) *konkurriert*. Konkurrenz setzt voraus, daß die begehrten Güter – Liebe, Aufmerksamkeit, Nahrung, Raum usw. – knapp *scheinen*, oft ohne wirklich knapp zu sein.

Diese Vorspiegelung von («ödipaler») Knappheit ist ein wesentlicher Einfluß, um eine Gesellschaft zu veranlassen, kriegerische und expansive Werte zu entwickeln. Ist einmal der erste Schritt in diese Richtung getan, folgen weitere zwangsläufig. Benachbarte Kulturen müssen entweder mitziehen, oder sie werden untergehen. Nur wer, wie die Hopi-Indianer, auf unzugänglichen und unfruchtbaren Tafelbergen sitzt, kann diesen Zwängen eine Zeitlang entgehen. Während in den ständischen und feudalen Gesellschaften der Konkurrenzdruck insofern gemildert war, als der Sohn meist die Stellung des Vaters, die Tochter jene der Mutter übernehmen mußte, hat sich diese Situation in den bürgerlichen und noch mehr in den industrialisierten Kulturen erheblich verändert. Beim «mißlungenen Ödipus-Komplex» gelingt es dem Sohn nicht, sich schließlich mit dem Vater zu identifizieren. Die Tochter weigert sich, das Bild der Mutter als Lebensplan in sich aufzunehmen. Dieses Scheitern ist durchaus gesellschaftlich vorprogrammiert. Väter und Mütter wollen schließlich in einer Gesellschaft der scheinbar unbegrenzten (aber knappen) Möglichkeiten, daß es ihre Kinder einmal besser haben als sie selbst. Und die Kinder wollen das ebenfalls. «Muß ich ins Leere springen?» fragt das Kind folgsam. «Ja, nur zu, es wird dir guttun», sagen die Eltern.

Der wichtigste Unterschied zwischen den «ödipalen» und den «präödipalen» Störungen ist der, daß im ersten Fall ein funktionstüchtiges Ich entstanden ist, das durch einen unbewältigten Konflikt zwischen Über-Ich und Es so bedrängt ist, daß es Symptome entwickeln muß. Im zweiten Fall ist dieses Ich selbst beschädigt – es leidet nicht an einem Konflikt, sondern an einem Mangel, einem Defizit. Michael Balint spricht hier von der «Grundstörung», während Heinz Kohut eine eigene Selbst-Psychologie entwickelt, mit der er diese Schäden besser zu erfassen glaubt.* Beiden gemeinsam ist die Vermutung, daß die Frühstörung durch mangelnde Zuwendung in der frühen Kindheit entsteht. Das heißt, die Erfahrung einer befriedigenden Symbiose bleibt dem Kind vorenthalten. So mag es sein Leben lang darum kämpfen, sie nachzuholen, sagen

* M. Balint, Die Urformen der Liebe und die Technik der Psychoanalyse, Stuttgart (Klett) 1966. – H. Kohut, Narzißmus, Frankfurt (Suhrkamp) 1969. Vgl. auch zur biologischen und ethologischen Basis des Narzißmus W. Schmidbauer, Vom Es zum Ich – Evolution und Psychoanalyse, München (List) 1975, S. 186f.

die modernen Feen an der Wiege. Es braucht die gemeinsame Maschine, weil das einzelne Ich zu schwach entwickelt ist, um mit dem Leben fertig zu werden. Oder aber es kann sich den unvermeidlichen Konflikten in einer Beziehung nur durch Beziehungs- und Nähevermeidung entziehen. Die Mutter, die Eltern lassen es an «bestätigendem Widerspiegeln» (*mirroring*) der Existenz des Kindes fehlen, sie reagieren nicht einfühlend auf seine Bedürfnisse. Dadurch entwickelt sich keine genügende Sicherheit über die Wirklichkeit und Berechtigung autonomer Wünsche. Ein anderer Einfluß, den in letzter Zeit vor allem Alice Miller betont hat, ist der narzißtische Mißbrauch des Kindes durch die Eltern. Es wird verwendet, um die Unsicherheit der Eltern auszugleichen, es soll sich in sie einfühlen, sie gewissermaßen «therapieren». Das führt dann später dazu, daß das Kind zwischen Größenwahn und Depression schwankt: Einerseits belebt es die grandiose Vorstellung, über den Eltern zu stehen und sie mit Leben zu erfüllen; andererseits fühlt es sich ohnmächtig, klein und leer in einer feindlichen Welt.*

Ich bin in letzter Zeit von meiner früheren, naturalistischen Auffassung der Frühstörungen abgekommen und habe sie durch eine Betrachtung der Gegenübertragungs-Aspekte dieser Theorien ergänzt. Ich vermute, daß die Bewertung immer früherer, erinnerungsdunklerer Lebensphasen als Quelle allen Leidens auch durch den Wunsch der Experten zustande kommt, sich gemeinsam mit ihren Patienten möglichst lange in einer geschützten Nische aufzuhalten, in der es nicht mehr darauf ankommt, Konflikte zu lösen, sondern Mängel auszugleichen und sie gemeinsam mit den Kranken so zu erleben, daß eine Entwicklung beginnt (während die gesellschaftlichen Mängel sich leider auf diese Weise nicht beeinflussen lassen).

* A. Miller, Das Drama des begabten Kindes, Frankfurt (Suhrkamp) 1979.

Vor allem Alice Miller scheint mir sehr deutlich mit den realen Eltern (und den andersgläubigen Psychoanalytikern) zu konkurrieren. Die gesellschaftliche Struktur hinter einer quasibiblischen Aussage wie ‹*Am Anfang war Erziehung*›* bleibt im Dunkel. Es ist, als ob es auf der Welt nur gute/schlechte Eltern/Therapeuten gäbe und sonst gar nichts.

Vielleicht ist es deshalb sinnvoll, die Frage, ob die Symbiose mit der Mutter oder Therapeutin nun gelingt oder nicht, zurückzustellen. Sie soll ersetzt werden durch eine andere: Weshalb ist die Symbiose so wichtig geworden, so notwendig, so lebensentscheidend? In die «Erziehung» des Säuglings und des Kleinkinds hält das Expertentum Einzug. Man kann es richtig oder falsch machen. Verunsicherte Mütter fragen Doktor Spock, und er schreibt ein dickes Buch voller guter Ratschläge. Darin findet die Mutter alles mögliche, nur nicht das, was ihr helfen würde, nämlich den emotionalen Kontakt, die Unbefangenheit, die Gleichgültigkeit gegenüber allen Fachmännern und Fachfrauen, die ihr dreinreden wollen. Die Symbiose entdecken heißt oft: sie zerstören, einen subtilen, individuellen Austauschprozeß ersetzen durch vorfabrizierte Regeln. Am Ende glaubt die eine Mutter, ihrem Kind zu schaden, wenn sie es nach Verlangen und nicht in vierstündigem Abstand stillt, und die andere, wenn sie es in vierstündigem Abstand stillt und nicht nach Verlangen.

Die Kolonisierung immer früherer Bereiche der Kindheit durch die Experten hat viele Gründe. Die expansiven Neigungen der Wissenschaft und die narzißtischen Bedürfnisse der Helfer sind nur ein Teil davon. Die Eltern sind unsicher geworden, weil die Entwicklungsmöglichkeiten für die Individuen ungeheuer zugenommen haben und die Konkurrenz immer frühere Lebensbereiche erfaßt. Auf die pädagogische Unterwerfung der Schulkinder folgt die antipädagogische der Säug-

* A. Miller, Am Anfang war Erziehung, Frankfurt (Suhrkamp) 1980.

linge. Eine wesentliche Vorbedingung der Symbiosekämpfe in den späteren Partnerbeziehungen scheint die Erziehung durch Liebesentzug zu sein. Sie greift viel tiefer in die Person des Kindes ein als Prügel und Liebkosungen, die seine Haut treffen. Das Kind erfährt durch diese «schwarze Pädagogik»*, daß es spaltbares Material ist, mit guten und mit schlechten Teilen. Die Hoffnung, durch eine neue Erziehung neue Menschen zu schaffen, scheint eine Illusion, ein schöner Traum, der das Problem ausdrückt, das er zu lösen vorgibt. Die schwarzen Pädagogen mochten die Kinder bedrohen, hart mit ihnen sein, unerbittlich – aber sie gaben ihnen Halt, weil sie selbst in einer Welt lebten, die klarer war als unsere gegenwärtige. Die antipädagogischen Eltern suchen Halt bei ihren Kindern, wie symbiotische Paare, die sich aneinanderklammern. Dann wird es natürlich unabdingbar, diese Umklammerung optimal zu gestalten.

Was ist geschehen? Alexander Mitscherlich spricht von einer «vaterlosen Gesellschaft», Christopher Lasch von einem «Zeitalter des Narzißmus».** Der «ödipale» Vater war jemand, der den Kindern sagte (und eine ganze Gesellschaft gab ihm recht), wo's langgeht. Der moderne Vater ist vielleicht der gute Kumpel, vielleicht gar nicht da, vielleicht sitzt er neben den Kindern vor der Glotze und läßt sich vollaufen: Was unterscheidet ihn von ihnen? Die Kinder entwickeln einen großen Anspruch und eine geringe Bereitschaft, Versagungen zu ertragen. Sie müssen sich allein in einer Welt zurechzufinden, in der es schier unbegrenzte Möglichkeiten gibt – auf dem Bildschirm. Wird's zu schwierig, wechselt man auf ein anderes Programm. Dieses der Konsumgesellschaft angepaßte Verhal-

* K. Rutschky, Schwarze Pädagogik, Berlin (Ullstein) 1978.

** A. Mitscherlich, Auf dem Weg zur vaterlosen Gesellschaft, München (Piper) 1965. – Ch. Lasch, Das Zeitalter des Narzißmus, München (Steinhausen) 1980.

ten ist dann nicht erfolgreich, wenn der Partner weder die Knöpfe und Schalter der Stereoanlage hat noch bereit ist zu geben, sondern ebenfalls sehr bedürftig ist nach «echter» Liebe. Der *swinging single*, die gegenwärtig am schnellsten zunehmende Bevölkerungsgruppe, zieht die Konsequenzen aus dieser Schwierigkeit. Wenn tiefere Beziehungen in den Symbiosesumpf führen, vermeidet man sie eben. Partnerschaft und Kinder machen abhängig und reduzieren die Möglichkeit, die vielen schönen Dinge zu konsumieren, die es gibt. Wie soll man sich auf eine Ehe und Kinder einlassen, wenn man es all den Psychologen und Pädagogen, den Eltern und Eheberatern recht machen will?

Das autonome bürgerliche Individuum, einerseits unbestechlich tüchtig und konkurrenzfähig, andererseits ein glühender Liebhaber und zuverlässiger Vater, entlarvt sich als parasitärer Mythos. Es ist nur funktionsfähig, weil in seinem Schatten ältere, irrationale Netze fortbestehen, aus denen es noch eine Zeitlang Kraft entnehmen kann. Aber da nichts zurückfließt, werden diese Netze brüchig. Durch ihre Nichtbeachtung und Verleugnung hat sich das Individuum die eigenen Wurzeln genommen und fängt an zu vertrocknen. Auch das geschieht langsam und an verschiedenen Stellen verschieden. Immer noch gibt es Erfolgsmenschen, die den Mythos zu bestätigen scheinen.

Die Betonung der frühen Störungen will auch die Sehnsucht verständlich machen, die Symbiose nachzuholen. Es ist eine Beziehung, die unseren Lebensbedingungen viel genauer entspricht als die leidenschaftliche Liebe zwischen sexuell reifen Menschen. In der symbiotischen Beziehung ist die Funktion, die Leistung für den anderen entscheidend, verbunden mit einem Erraten seiner Bedürfnisse. Das sichere Gelände der Anpassung muß nicht verlassen, das unsichere des Gefühlsausdrucks nicht betreten werden. Die Experten, welche die Zunahme solcher Frühstörungen und «narzißtischen» Verhaltens in Beziehungen erkennen, haben indirekt viel dazu beigetragen. Der von Sexual-, Ehe- und Erziehungsratgebern vermittelbare Umgang zwischen Menschen ist von den symbiotischen Mechanismen geprägt: Leistung und Anpassung treten an die Stelle des Gefühlsausdrucks. Parallel dazu regiert die Öffentlichkeit immer weiter in die Intimsphären hinein. Die «ödipale» Familie war ein nach außen geschützter Raum, in dem die Eltern ihre Macht entfalten konnten. Säuglingskrippen, Babygruppen, Kindergärten und Vorschulen ändern das. Die Massenmedien greifen intensiv in die Erziehung ein und machen zu einer quasi-öffentlichen Angelegenheit, was früher im Schoß der Familien geschah. Die Konsumideologien und Warenwelten widersprechen den pädagogischen Werten und Leistungsnormen erheblich. Der unabhängige, kontrollierte Bürger soll gleichzeitig ein abhängiger, willig den Warenreizen nachgebender Konsument sein! Wortungetüme aus Warenprospekten, wie der «dynamische Faulenzer», oder der «konzentriert relaxende» Branntweintrinker zeigen, daß sich beides auf dem Papier oder dem Bildschirm noch versöhnen läßt, in der Wirklichkeit aber längst nicht mehr.

7 Schatten auf dem Kompaß

> Es spinnt sich also bei der Melancholie eine Unzahl von Einzelkämpfen um das Objekt an, in denen Haß und Liebe miteinander ringen, die eine, um die Libido vom Objekt zu lösen, die andere, um diese Libidoposition gegen den Ansturm zu behaupten. Diese Einzelkämpfe können wir in kein anderes System verlegen als in das Unbewußte, in das Reich der sachlichen Erinnerungsspuren (im Gegensatz zu den Wortvorstellungen).*
>
> Sigmund Freud

Dem seelisch gesunden Menschen dient das innere Objekt als Kompaß, mit dessen Hilfe er gewissermaßen über die freie See steuern kann, sicher, wieder einen Hafen zu erreichen. Es ist ihm möglich, Zeiten der Einsamkeit zu überbrücken, denn er weiß, daß «im Grunde» jemand für ihn da ist, daß die Menschen um ihn prinzipiell bereit sind, ihn anzunehmen. Der symbiotisch Gestörte hingegen muß sich an ein äußeres Objekt klammern (oder es peinlichst vermeiden), weil ihm dieses innere auf Grund seines Kindheitsschicksals fehlt oder weil es sehr brüchig ist. So will es die herkömmliche Vorstellung der Psychoanalyse. Sie hat für das Leben in der beweglichen, bürgerlichen Gesellschaft auch ihren guten Sinn. Der Analytiker

* S. Freud, Trauer und Melancholie, Ges. W. X., Frankfurt (Fischer) 1946, S. 444.

verfolgt, wie viele leicht störbare Schritte notwendig sind, um diesen Kompaß zu einem einigermaßen zuverlässigen Arbeiten zu bringen. Aber er kommt heute seltener als der kulturkritische Freud zu dem Ergebnis, daß die bürgerliche «Normalität» den einzelnen Menschen und seine Familie ebenso überfordert, wie die Folgen dieser Normalität – die expansive Kolonialisierung und Industrialisierung des Planeten – die natürliche Regenerationskraft der Umwelt überfordern.

Ludwig ist ein tüchtiger, etwas steif wirkender Ingenieur in einer großen Maschinenbaufirma. Er kommt in die Therapie, weil seine Beziehungen zu Frauen immer «schiefgehen», wie er sagt. An diesem Abend ist er in der Gruppe sehr betroffen: Seine neue Freundin hat sich von ihm getrennt. Er möchte lernen, daß ihn so was nicht mehr so fertigmacht. Er kann die Frau nicht verstehen, sie ist doch zusammen mit ihm in den Urlaub gefahren und hat ganz lieb in der Skihütte den Haushalt gemacht, hat mit ihm geschlafen, ist Skifahren gegangen. Nur einmal hat sie gesagt, daß sie sich trennen will. Aber da saßen sie umschlungen auf dem Kanapee, und da konnte Ludwig nichts dazu sagen. Jetzt fällt ihm auch auf, daß sie einmal seine Wohnung kritisiert hat, die sei so leer und ungemütlich, und daß sie ein anderes Mal sagte, sie fühle sich manchmal nah bei ihm, manchmal ganz fern. Die Gruppe versucht zu verstehen, weshalb Ludwig diese Äußerungen immer übergangen hat – bis die Freundin sich wirklich von ihm trennte. Einer vergleicht ihn mit einer Lokomotive, die alle Stoppsignale überrollt und am Ende nur noch dadurch zum Halten gebracht werden kann, daß man sie entgleisen läßt.

Ludwig fragt sich immer wieder, warum Gisela (seine Freundin) sich so und nicht anders verhalten habe. Er überlegt angestrengt, findet aber stets dieselben Widersprüche in ihrem Verhalten. Er würde doch mit einer Frau, von der er sich trennen will, nicht in die Ferien fahren! Er würde es doch ausdiskutieren, wenn er mit ihr unzufrieden sei! Er habe nicht reagiert, als sie das mit der Trennung sagte. Aber hätte er sagen sollen: «Hau doch ab! Schleich dich hinaus in den Schnee!»? So habe er eben gar nichts gesagt. Und er könne nicht verstehen, warum sie sich in der Hütte ganz anders verhalten habe als Sigrid, seine letzte Freundin. Auf deren Verhaltensweisen hätte er reagieren können. Aber Gisela sei ja so lieb gewesen und habe sich dann doch getrennt. Wenn in Zukunft eine wieder von Trennung rede, dann wisse er jetzt, daß er da aggressiv sein müsse. So hätte er die Gruppe verstanden. Aber wie er das genau anstellen solle, sei ihm nicht klar.

Aus der Trennung von Gisela und Ludwig wird deutlich, wie der Mangel an einem guten inneren Objekt die freie Äußerung von Konflikten in einer Beziehung lähmt. Ludwig ist nicht deshalb zu jedermann freundlich und geduldig, weil er so wenig aggressive Spannung in sich trägt, sondern im Gegenteil. Er muß ständig Enttäuschung und Wut beherrschen und überwacht aus diesem Grund alle spontanen Gefühle. Daher memoriert er in der Gruppe auch oft wie ein Kind bestimmte Äußerungen, meist aggressiver Art, auf die er selbst «einfach nicht gekommen wäre». Die Wut sammelt sich in ihm zu einer dunklen Wolke, die einen tiefen Schatten auf den Kompaß wirft. Das innere Liebesobjekt ist kein Wegweiser. Deshalb muß Ludwig mit Gisela und Sigrid so umgehen, als ob sie aus höchst zerbrechlichem Stoff gemacht wären. Er kann ihnen seine Kränkungen nicht klarmachen, kann sich überhaupt nicht lebendig verhalten, sondern muß ständig darauf achten, sie nicht zu verlieren. Diese Zurückhaltung und sein eigentümlich starres, abgestorbenes, freudloses Verhalten werden ihm dann vorgeworfen. Wären Gisela oder Sigrid sich wirklich ihrer Gefühle sicher, könnte auch Ludwig sicherer werden. So aber steigern sie sich gegenseitig in ihrer Unsicherheit und können am Ende die entstandene Kluft nicht mehr überbrücken. Es ist, als ob sie sich gegenseitig fragten: Wie sollen wir uns richtig lieben? Und weil sie die Antwort nicht finden, weil keiner das dem anderen sagen kann, geht es nicht weiter.

Nachdem Ludwig mit der Gruppe seine Trauer geteilt hat und versucht hat zu verstehen, wie es zu der Trennung kam, sagt er plötzlich:

«Ihr werdet es nicht glauben, aber ich habe mich früher, als sie mir noch gar keine Schwierigkeiten machte und noch ganz lieb war, öfters der Gisela geschämt. Sie hat mir nicht gefallen. Ich hatte Angst, einen von meinen Kollegen zu treffen, wenn sie dabei war. Es gab schönere Frauen. Aber ich weiß, das ist mein Problem. Mit der Sigrid war es genau dasselbe. Wir sind nach Indonesien geflogen, in einen gemeinsamen Urlaub, und im Flugzeug hat sie mir eine andere Frau gezeigt – das sei doch eine schöne Frau. Da hab ich sofort gedacht, daß die andere doch viel schöner ist und ich eigentlich viel lieber mit ihr zusammen wäre. Und die Sigrid hat mir gar nicht mehr gefallen. Ich hab aber ausgehalten und bin mit ihr zusammengeblieben, und dann hat sie mir allmählich wieder gefallen. Und wie sie sich von mir getrennt hat, da war das noch viel schlimmer als jetzt mit der Gisela. Ich war ja schließlich auch sieben Jahre mit ihr zusammen. Aber wir wußten beide nie, ob wir die Richtigen füreinander sind. Wenn ich es glaubte und zum Beispiel Kinder wollte, wollte sie nicht, und wenn sie wollte, hab ich nicht gewollt.»

Die Gruppe ist verblüfft über diese Wendung der Dinge. Es wird klarer, weshalb Ludwig keine Konflikte ansprechen kann: Sein inneres Bild von Gisela ist so zerbrechlich, so wenig belastbar, daß er sie ständig durch sein kontrolliertes Verhalten zufrieden stimmen muß. Er beschwört in ihr die ideale Mutter. Der realen hat er sich geschämt. Sie war eine einfache Krankenschwester, sie hat immer zu den Ärzten und den besseren Leuten, den Akademikern, aufgeblickt. Seine Freunde aus dem Gymnasium konnte er nicht nach Hause mitbringen. Und wenn er mit ihnen die Mutter auf der Straße zufällig traf, schaute er weg. Sie verstand das und redete nie mit ihm darüber.

Gleichzeitig mußte Ludwig sich in eine emotionale Leere hinein entwickeln. Er hatte keinen Mann, der ihm Vorbild hätte sein können, da die Mutter den Vater für wertlos hielt. Der hatte es zu nichts gebracht. Ludwig brachte es zu etwas, trotz seiner Depressionen und seiner unbezwinglichen Hemmungen, sich spontan zu verhalten. Seine Kindheit war ihm ausgetrieben worden wie der Dialekt, in dem man zu Hause und in der Grundschule redete. Und er hielt das für richtig. Es mußte so sein. Nein, inzwischen verachtet er seine Mutter nicht mehr. Aber immer noch hält er sich für ständig verbesserungsbedürftig. Er nimmt seine Therapie auf ein Tonband auf und hört es wieder ab, damit ihm kein kostbarer Rat verlorengeht. Er memoriert: «Ich muß spontaner werden», wie ein Kind die Primzahlen aufsagt. Wenn eine Frau ihn liebt und begehrt, wird er mißtrauisch. Wieso gerade ihn, der doch noch längst nicht perfekt ist? «Ich gehe doch in keinen Verein, der *mich* aufnimmt», sagt einer in der Gruppe. Es kann doch noch eine bessere geben. Aber wenn sie ihn verlassen will, dann ist sie begehrenswert. Je brüchiger die Beziehung wird, desto fester hält er sie. Und fällt am Ende aus allen Wolken, obwohl er schon immer wußte, daß er allein bleiben wird, wie er es immer war.

Denn die Partner einer symbiotischen Beziehung sind *allein*. Es ist kein anderer da, den man liebt, sondern eine Erweiterung des eigenen Selbst, von der man abhängig ist. Auf Gefühle ist kein Verlaß, nur auf problemloses Funktionieren. Der Partner ist nicht als jemand interessant, der ganz anders ist, verschieden, aber liebenswert. Sondern er muß genauso sein wie man selber, freilich mit anderen Geschlechtsteilen. Manchmal ist auch das schon zuviel: im *Coming out*, in der Entdeckung der eigenen Homosexualität, im Extremfall sogar in einer Geschlechtsumwandlung, liegt dann die Lösung aller Probleme.* Da man nur das erforschen kann, was man in seiner Fremdheit liebt oder zumindest achtet, geht der symbiotische Partner mit dem anderen genauso um wie die entwickelten Gesellschaften mit der Natur: sie wird nur so weit zur Kenntnis genommen, wie sie nützt. Was nicht nützt, interessiert nicht. Wenn es stört, wird es ausgerottet. So verlangen sie voneinander stets Ent-

* Dieser Hinweis gilt für eine ideologisierte Auffassung der Homosexualität, nicht für homosexuelle Beziehungen schlechthin.

wicklungen, Veränderungen, und tun doch alles, um wirkliche Entwicklung zu verhindern. Denn die würde ja enthalten, daß der andere sein Anderssein entwickelt. Das wäre bedrohlich. Er soll sein Gleichsein vervollkommnen. Aber das mißlingt so oft. «Er weiß doch genau, daß ich leide, wenn er nicht pünktlich kommt oder anruft und absagt. Aber nein, er kommt unpünktlich oder gar nicht, und tut dann ganz erstaunt, wenn ich so verletzt bin!» Die Formel «er / sie weiß doch genau ...» ist ein Anzeichen der symbiotischen Beziehung. Weil der andere gleich sein muß, weiß er auch, was er anrichtet. Er tut mir seine Verschiedenheit wie ein vorsätzliches Verbrechen an, er will mich kränken und kleinmachen. Daher ist es nur recht und billig, wenn ich zurückschlage. So verschunden und verrohen die Sitten. Fundmunition wird verwendet: In einer symbiotischen Beziehung schauen sich die Gegner vor allem die Waffen ab. Wer bisher nie eifersüchtig war, Teller zerschmiß oder einen Partner öffentlich bloßstellte und kränkte, fängt nun damit an. Aus keinem anderen Grund als dem, daß es ihm selbst geschehen ist. Auge um Auge, Zahn um Zahn. «Am liebsten hätte ich deinem Freund das Du verweigert, weil du es ja mit meinen Freunden auch gemacht hast. Ich war so wütend.» – «Wenn du dich so zurückziehst, weiß ich schon, daß du wieder eifersüchtig bist und dir denkst, ich bin eine Nutte. Und dann bin ich so sauer und kann es überhaupt nicht mehr mit dir aushalten.»

Der Einwand liegt nahe, daß eine verzankte Beziehung, in der sich zwei Menschen um jede Einzelheit streiten können, doch etwas ganz anderes sei als eine Beziehung wie die Ludwigs, in der mögliche Konflikte strikt vermieden und bis zur endgültigen Trennung unter den Teppich gekehrt werden. Aber wir haben gesehen, wie die Konfliktvermeidung mit dem Dauerkonflikt zusammenhängt. Beide drücken aus, daß es kein festes inneres Objekt gibt, auf das liebevolle Gefühle gerichtet sind. Daher tut jede Verschiedenheit so weh, daß sie entweder verleugnet werden muß bis zum bitteren Ende oder in fruchtlosem Dauerkampf zu ständig neuer Wut und Enttäuschung führt.

Nur in der Phantasie ist eine symbiotische Beziehung harmonisch. Die Wirklichkeit nimmt ihr immer von ihrem Glanz. Gleichzeitig drängt die Phantasie auf Verwirklichung. Diese wiederum macht angst. Ohne Kompaß ist dieser Kurs schwer zu steuern. Die Realität ist anziehend, zugleich aber bedrohlich. Wie Odysseus am Mastbaum gefesselt mit offenen Ohren dem Gesang der Sirenen lauscht, so stellen die Betroffenen Beziehungen her, in denen sie große Teile von sich aus dem gefährlichen Mahlstrom heraushalten können. Sie spalten Geborgenheit und sexuelle Befriedigung, verteilen sie auf zwei verschiedene Partner, um nicht alles zu riskieren und damit auch alles zu verlieren. Sie legen Wert darauf, daß der Partner weit entfernt wohnt. Sie verzichten auf Kinder, nehmen Abtreibungen auf sich, weil ja nicht klarwerden darf, ob der Partner der richtige ist oder nicht.

Ilona kommt in die Therapie, weil sie unter quälenden Eifersuchtsanfällen leidet. Sie richten sich auf einen Arbeitskollegen, mit dem sie – ohne daß dieser es weiß – seit fünf Jahren eine intensive Beziehung unterhält. Sie hat, während er im Ausland war, jahrelang auf ihn gewartet. Ihre gemeinsame Aktivität sind Wanderungen, einmal auch ein Urlaub, zusammen mit anderen Kollegen. Ilona und ihr Bekannter bleiben immer auf Abstand. Einmal bietet er ihr auf einer Bergtour das Du an. Sie erschrickt, verstummt, kann keine Antwort finden. So bleibt es beim Sie. Zugleich leidet sie sehr, wenn er zu anderen Frauen freundlich ist.

Ilona ist eine stets hilfsbereite Frau, die ihre Arbeit sehr ernst nimmt und sich nur dann eine Pause gönnte, wenn sie Migräne oder Asthma hat. Sie wirkt schüchtern und bescheiden, ihre Ansprüche sind sorgfältig kontrolliert und treten nie unmittelbar und aggressiv an die Oberfläche. So läßt sie in der Gruppentherapie anderen den Vortritt und wartet darauf, daß diese ihr bescheidenes Verhalten würdigen und ihr genausoviel Zeit einräumen wie sie ihnen. In kleinen Schritten verändert sie ihr Verhalten. Die Phantasiefreunde rücken ihr näher, werden zumindest gelegentlich mit ihren Wünschen konfrontiert. Von dem Bekannten kann sie sich nach einer Aussprache trennen und beginnt nun eine ähnlich stumme Liebe zu einem Gruppenmitglied, mit dem sie sich aber bereits nach einem halben Jahr ausspricht. Die anderen Gruppenmitglieder bestätigen sie sehr in ihrem Mut, kritisieren aber ihre vorwurfsvolle und passive Haltung. Ilona gelingt es umzuziehen und einen neuen Arbeitsplatz in der Nähe einer Großstadt zu finden, wo sie sich bessere Kontaktmöglichkeiten erwartet. Mit etwa vierzig Jahren hat sie ihre erste sexuelle Beziehung – zu einem Freund, der an ihrem alten Wohnort lebt und mit dem sie schläft, als ihr klar wird, daß sie wegziehen muß. Er kommt gelegentlich an den Wochenenden, weigert sich aber, eine gemeinsame Zukunft zu planen. Er hat sich gerade von seiner Frau getrennt, die sich ständig mit ihm gestritten hat, und will um keinen Preis noch einmal eine solche Beziehung. Ilona hört sich diese Aussagen an, nimmt sie aber nicht wirklich zur Kenntnis. Sie bleibt äußerlich immer freundlich und streitet sich nicht, aber innerlich (und gelegentlich auch in der Gruppe) hält sie ihrem Freund lange, vorwurfsvolle Predigten, wie unverständlich unzuverlässig und sinnlos distanziert er sei, wie er sie mutwillig kränke.

«Aber es war doch manchmal so schön», sagt Ilona fassunglos, wenn andere ihr klarmachen wollen, daß ihr Freund nicht viel von ihr will. Sie ist gewissermaßen mit der Skizze eines Partners zufrieden, weil sie dann Farbe und Form genauso auftragen kann, wie sie es sich wünscht. Nur wenn Jürgen zu selten anruft, wenn ihr wieder einmal klar wird, daß er sie weder seinen Kindern noch seinen Freunden zeigt, fragt sie sich ratlos, wie er denn so was machen könne, warum er so feig sei, so ängstlich. Sie unterstellt ihm die gute Absicht, bescheinigt ihm aber erbarmungswürdige Hemmungen, sie zu verwirklichen. So kann sie weiter von dem guten Jürgen träumen und muß dem realen Jürgen keinen Konflikt zumuten, von dem sie fürchtet, daß er ihn nicht aushalten würde. Als er nach einigen Jahren keinerlei Anstalten macht, die Beziehung zu ändern, fängt sie doch an, ihm offenere Vorwürfe zu machen. Der Anlaß sind seine «Lügen». Jürgen ist auf Ilonas Fiktion eingestiegen. Er behauptet immer, er müsse arbeiten oder sich um die Kinder aus seiner geschiedenen Ehe kümmern, wenn er am Wochenende keine Zeit hat. Auf Umwegen erfährt sie dann aber doch, daß er mit anderen Frauen etwas unternommen hat. Da spielt sie den gütigen Racheengel: Nein, nichts gegen die anderen Frauen! Aber er sollte doch nicht so *feig* sein und ihr diese Lügen auftischen. Daß Jürgen sich

daraufhin noch mehr zurückzieht und sich monatelang nicht blikken läßt, registriert Ilona erbittert. Wenn sie sich dann gefangen hat und zögernd überlegt, ob sie sich nicht auch einmal nach anderen Männern umsehen könnte, ruft er aber wieder an, ist gerade auf der Durchreise und will sie treffen.
Ilona fragt sich jetzt, ob sie «ganz Schluß machen soll», fragt es sich jeden Tag und denkt dabei intensiv an Jürgen. Auch hier herrscht die Macht der Phantasie, deren Könige die Ideale sind – hier die idealisierten, zu symbiotischer Verschmelzung geeigneten Partner. Es ist ja gar nicht ihre Entscheidung, aber sie erlebt es so, als ob es die ihrige wäre. Manchmal ergreift sie ein sinnloser Zorn. Da hat sie gewartet, war immer da für ihn, hat auf andere Männer und auf Kinder verzichtet – und das soll der Dank sein? Nie wieder will sie ihn sehen, einen bitterbösen Brief will sie ihm schreiben. Dann tauchen wie paradiesische Oasen in trostloser Wüste Erinnerungen an Wochenenden auf, an Wanderungen, an Nähe. Es war doch so schön, und eigentlich ist es doch noch gar nicht vorbei. Das instabile innere Objekt ist wie eine Fata Morgana: man kann sich nur schwer zu ihm hin oder von ihm fort bewegen. Es verschwindet, es taucht verheißungsvoll auf, es täuscht und beglückt, es ist unsterblich, aber zerrinnt unter gierigen Händen oder im Sonnenlicht wie Nebel und Rauch. Wie durch ein magisches Band verknüpft, agieren Ilona und Jürgen so, als ob sie die Täuschungen aufrechterhalten wollen, selbst noch im Versuch, sie zu beenden. Nach drei Monaten schickt sie ihm seine Sachen zurück, die noch bei ihr liegen. Sie hat das Warten aufgegeben, ist zu stolz, noch einmal zu betteln. Und gleichzeitig trifft ein Weihnachtsgeschenk ein, mit einem freundlichen Brief. Jürgen will sich aussprechen, will Freundschaft. Da muß sie ihn anrufen und ein Treffen ausmachen. Er kommt, und sie wartet auf die versprochene Aussprache. Aber es kommt nicht dazu. Er fährt wieder. Jetzt überfällt sie der Zorn wie ein böses Tier. Sie kann nicht schlafen, schickt ihm sein Geschenk mit einem wütenden Brief. Er aber schickt das Geschenk wieder zurück, entschuldigt sich, will gut Freund bleiben. Es ist Ilona und Jürgen nicht möglich, sich über das Ende der Beziehung zu einigen.

Die Verwicklungen in Symbiosen kommen dadurch zustande, daß ein «einigendes Band» (das innere Objekt als Kompaß) fehlt. Daher muß äußere Einigkeit «irgendwie» hergestellt werden. Der Dialog wird zur Hieroglyphe. Aus dem scheinbaren Nichts tauchen Zeichen auf, die – kaum entziffert – wieder verschwinden. Widersprüche bestehen unaufgelöst nebeneinander. Wie die Chimäre, die bald Schlange, bald Löwe, bald Ziege ist, haben die Partner füreinander wechselnde Gestalt: bald liebenswert, bald hassenswert, bald ganz entfernt, bald zum Greifen nah, bald Chaos, bald Harmonie, bald die gemeinsame Unsterblichkeit und das traulich zusammen verbrachte Alter, bald die Trennung der Beziehung beim nächsten Gang zum Briefkasten. Die Zeichen tauchen aus einem undurchsichtigen Brei auf und verschwinden wieder. Der Brunnen, an dem die Kinder spielen, birgt Krokodile und Nixen, Kröten und Goldfische.

Die Partner sind nur gemeinsam handlungsfähig. Das heißt, daß sie sich zwar erbittert bekämpfen, aber nicht trennen können. Diese Tat würde einen gemeinsamen Entschluß erfordern, der nicht getroffen werden kann, weil sein Inhalt das Ende der Gemeinsamkeit wäre. Die Gefühle sind dabei viel empfindlicher und verletzbarer als die Funktionen. Es gibt Paare, die noch jahrelang zusammen leben, obwohl sie nichts mehr füreinander empfinden. Aber sie zahlen füreinander, arbeiten füreinander, kümmern sich gemeinsam um die Kinder. Besonders schlimm ist es, wenn sich einer der Partner dann tatsächlich trennt – fast immer deshalb, weil er eine neue Beziehung eingeht – und der andere plötzlich mit einer riesigen Wundfläche halbiert und einsam zurückbleibt. Die freiwerdende Wut beschäftigt Scheidungsanwälte und Familiengerichte. Der halbierte Partner kann nicht trauern und keine neue Beziehung finden. Er kann niemanden verstehen, der nicht genauso wuterfüllt und verängstigt ist wie er selbst, auch die Kinder nicht, die den Kontakt zur anderen Hälfte behalten wollen.

Das verwirrende Verhalten symbiotisch Verstrickter hängt damit zusammen, daß wir es bei jedem von ihnen mit mindestens zwei Menschen zu tun haben: einem erwachsenen, durchaus lebensfrohen und tüchtigen, der in Arbeit und

Freundschaft zu eindeutigem Verhalten fähig ist. Neben ihm und durch ihn hindurch entfaltet sich ein anderer, der mit allen Mitteln die symbiotische Einheit so gestalten will, wie es für das eigene emotionale Überleben nötig erscheint. Er verhält sich wie ein launisches Kind oder wie ein Süchtiger. Höflichkeit und Rücksicht sind vergessen. Es wird gekämpft wie ums nackte Leben. Dabei ist der Anlaß dieser Kämpfe für den Außenstehenden nicht erkennbar, oft nicht verständlich. Die Symbiosepartner bewegen sich wie in einem unsichtbaren, elektrisch geladenen Netz: Stoßen sie irgendwo an, dann sprühen die Funken, während sich der Zuschauer wundert, warum andere Bewegungen oder ähnliche Bewegungen eines anderen keine solchen Wirkungen erzielen. Dieses Netz ist aus den «er/sie müßte doch wissen, weiß genau» gewoben, aus den symbiotischen Erwartungen, die nicht zu erfüllen nur Bosheit und Verrat sein kann. In der Symbiose möchte jeder (wie in der frühen Beziehung zu Mutter und/oder Vater) wahrgenommen werden, wahrgenommen sein. Ohne diese Sicherheit fühlt er sich außerstande, selbst wahrzunehmen. Der Anspruch ist so radikal, daß er nur allzu häufig enttäuscht wird. So behandelt man am Ende den, von dem man am meisten Zuwendung erhofft, schlechter als den Bettler auf der Straße. «Den ganzen Tag läufst du mit muffigem Gesicht herum. Aber kaum ruft jemand an, den du kaum kennst, dann flötest du ins Telefon!» – «Mit allen Menschen komme ich aus, nur mit dir nicht!»

Ich habe versucht, die symbiotischen Störungen anschaulich zu machen. Oft mildern die Einflüsse aus dem Randbereich das Chaos und die Verklammerung. Auch symbiotische Paare können sich irgendwann trennen und gute Freunde werden, ratlos, weshalb sie sich früher so schlecht behandelt haben. Ich will die Suche nach den lebensgeschichtlichen Wurzeln zurückstellen und lieber nach den gesellschaftlichen Formen fragen, die sich hier auswirken.

Sie scheinen mir einem bereits einige Jahrtausende alten Umgang mit der Natur zu entsprechen, bei dem die Umwelt nach ihren Nützlichkeitsaspekten behandelt wird. Man nimmt, was man braucht, und hört erst dann damit auf, wenn man auf Widerstand stößt. Der Mensch sieht den Zusammenhang zwischen sich und seiner Umwelt nicht vorwiegend gefühlsbestimmt, sondern rationalen Zwecken unterworfen. Er kleidet ihn nicht in die ganzheitlichen Formen des mythischen Erlebens, sondern bevorzugt zielbewußte, technische Verfahren. Nun scheint dieser Vergleich für die symbiotischen Beziehungen nicht zuzutreffen. Sind sie nicht die Karikatur jeder Zweckmäßigkeit, jedes Lernens am Erfolg? Aber wer die kaputte Landschaft, die giftigen Gewässer und die ungesunde Luft betrachtet, in denen wir leben, wird die Versprechen der technischen Zivilisation auch nicht mehr glauben, daß ihr Wachstum keine paradoxen Folgen haben könnte. Technische Mittel werden dann zerstörerisch, wenn ihre Strukturgesetze die Herrschaft über die menschlichen Gefühlsbedürfnisse gewinnen. Dabei sind nicht die individuellen, sondern die kollektiven – eben die früher im Mythos zusammengefaßten – Gefühlsbedüfnisse die «natürliche» Begrenzung. Ein Beispiel: Für das Bedürfnis des einzelnen ist es sicher schön, an der Costa del Sol zu wohnen. Wenn nun Bauunternehmer dieses Bedürfnis zu ihrem eigenen Nutzen befriedigen, entsteht das, was wir sehen: Die Schönheit der Küste ist durch einen Saum häßlicher Betonschachteln zerstört. Das saubere Wasser ist durch die Fäkalien von Hunderttausenden verschmutzt. Die einheimischen Handwerker und Bauern verlassen Werkstätten und Felder, weil sie bei den Touristen mehr verdienen. Diese Situation drückt aus, zu welchen Folgen die Tyrannei technischer Möglichkeiten, verbunden mit einer Vormacht des nur rational und individuell gesehenen Nutzens führt. Die ästhetischen Werte werden ebenso beiseite gedrängt wie die liebevolle Erhaltung eines natürlichen Gleichgewichts. Endlich fühlt sich keiner mehr da wohl, wo sich Hunderttausende wohl fühlen sollten. Kein Mensch mehr findet schön, was angeblich eine große Mehrheit von Menschen will.

Kann man den Symbiosekampf ähnlich verstehen – als Versuch, mit technischen Mitteln das eigene Individuum auszuweiten, den anderen, dessen inneres Bild so unzuverlässig ist, zu einer funktionierenden Kolonie in der Außenwelt zu machen? Ich glaube, daß diese Analogie sinnvoll und auch für unsere Lebenspraxis wichtig ist, weil sie zeigt, daß in einer naturzerstörenden Gesellschaft Liebesbeziehungen zum Teil umstürzlerische, subversive Akte sind. Dadurch mag mehr Geduld mit den eigenen und fremden Schwierigkeiten in dieser Richtung entstehen. Aber ich vermute, daß im Symbiosekampf nicht nur die Fortsetzung der technischen Bewältigungsformen in die Privat- und Intimsphäre hinein stattfindet. Darüber hinaus scheint mir oft, daß der symbiotische Partner für alles an Leid und Enttäuschung verantwortlich und dingfest gemacht werden kann, was Naturzerstörung und emotionale Überforderung den Individuen zufügen. In ihm nehmen böse Mächte, die sonst anonym sind, persönliche Gestalt an: Man hat den Erlöser erwartet, jetzt findet man wenigstens den Satan.

Solange in der großen Maschine jedes Einzelteil gut ersetzt werden kann, nimmt die Gesellschaft nicht besonders ernst, was mit den kaputten Teilen passiert. Der Therapeut, der die Maschine aus dieser kaputten Froschperspektive betrachtet, sieht natürlich andere Dinge als der Manager, der damit beschäftigt ist, sie am Laufen zu halten. Aber beide brauchen, um sich von ihrer Arbeit erholen zu können und nicht psychosomatisch krank zu werden, einen Ausgleich in einer Intimsphäre, die immer mehr überlastet wird. Allein die enorme Zunahme der Therapeuten drückt aus, daß die große Maschine kleine Maschinen entwickeln und bauen muß, die in den Reparaturnischen arbeiten. Ebenso wie die Regenerationskraft von Flüssen und Wäldern überfordert wird, geschieht es auch mit den kleinen Schutzräumen der Liebesbeziehungen. Ströme von Gift werden in sie geleitet, die sie nicht verarbeiten können. Wie sieht das genauer aus? Je leichter zugänglich die Befriedigungen der Konsumwelt werden, die sich durch kontrollierte Leistung gewinnen lassen (mit der Geld verdient und Waren bezahlt werden), desto geringer sind die Fähigkeiten, jene Versagungen zu ertragen, die eine Liebesbeziehung verlangt. Ludwig, der sofort das innere Bild von Sigrid verliert, wenn sie ihm eine schöne Frau zeigt, überträgt nur auf sie, was gang und gäbe wäre, wenn er ein Auto kaufen oder eine Ferienreise buchen würde. Da muß man doch als mündiger Kunde jederzeit in der Lage sein, das Gute gegen das Bessere einzutauschen. Die Ausstrahlung solcher Verhaltensmuster, ihre Neigung zur Verallgemeinerung, wird häufig unterschätzt. Sie allein auf beschädigte Kindheiten weniger neurotischer Personen zurückzuführen ist ein tröstlicher Mythos, nicht mehr – Marketing für die Reparaturdienste in den Therapienischen, wo angeboten wird, Kindheiten auszuwechseln wie einen defekten Motor.

8 Die Technik und das Gefühl

> Wir beabsichtigen die Entwicklung einer Liebesmaschine. Diese Maschine besteht zum einen aus der Nachbildung einer Vagina, in die der männliche Benutzer sein Genital einführen kann, zum anderen aus einem Filmautomaten …*

Aus früheren Jahrhunderten sind uns Zeugnisse bekannt, daß die Gefühlswelt gefährlich ist und der Kontrolle bedarf. Die Vernunft zügelt die Leidenschaften. Wo sie nicht dazu in der Lage ist, müssen Mauern und verschlossene Türen, Keuschheitsgürtel und Haremswächter helfen. «Solus cum sola» beginnt ein Grundsatz des römischen Rechts. Wenn ein Mann und eine Frau in einem Raum alleine zusammen sind, muß man davon ausgehen, daß sie ihre sexuellen Triebe nicht mehr beherrschen. Man denkt an die alten Städte und Gehöfte: in die Natur eingebettet und von ihr umgeben. Die Wildnis war größer als der Bereich der Kulturlandschaft. Die äußere Natur blieb gefährlich und unbegrenzt. Sie mußte bekämpft werden, unterwerfen konnte man sie nicht.

Heute ist es umgekehrt. Wenn wir einen Urwald wollen, müssen wir ihn künstlich schaffen. Die Landschaft ist in einen mehr und mehr industrialisierten Ausbeutungsprozeß einbezogen. Ihr vielfältiger, «wilder» Charakter scheint bedroht. Immer mehr Tiere und Pflanzen sterben aus. Der Genpool, aus dem die Evolution ihre Vielfalt schöpft, wird seichter, ärmer.

* Beate Uhse, zit. n. A. Bammé et al., Maschinen-Menschen, Menschmaschinen, Reinbek (Rowohlt) 1983, S. 293.

Wir holen uns Zimmerpflanzen in unsere Räume und pflegen sie liebevoll, damit sie die trockene Luft der Zentralheizungen vertragen. Mit vielfältigen Abweichungen und Verzögerungen ahmt die seelische Entwicklung diese Veränderungen unserer Umwelt nach. Solus cum sola kommen zum Sexualtherapeuten, weil es leider nicht geklappt hat. Die Schuldgefühle wegen verbotener sexueller Aktivität haben Leistungs- und Versagensängsten Platz gemacht. Den früheren Beichtvätern wurden verbotene Orgasmen gestanden, den heutigen – Psychotherapeuten, Eheberatern – wird mit ähnlicher Scham berichtet, trotz intensiver Versuche mit verschiedenen Partnern sei der Orgasmus bislang nicht wunschgemäß gelungen. Welche Verbesserungen hier noch vorgenommen werden könnten?

Wenn die ungehemmte Ausbeutung der Natur die weiten Wälder in Bauholz und Schiffsmasten verwandelt hat, erschrecken die Menschen vor den Folgen ihres Tuns. Regen und Wind tragen das fruchtbare Erdreich fort. Weite Landstriche, früher feucht und fruchtbar, werden zu steinigen Steppen, wo nur noch stachlige Büsche gedeihen. Eine Generation, die sich für klüger hält, forstet die verlorenen Wälder wieder auf. In Mitteleuropa ist das nicht so schwierig wie am Mittelmeer, wo der blanke Fels vom Raubbau vergangener Jahrtausende zeugt. Die rekultivierten Wälder tragen die Zeichen der Zeit. Es sind Monokulturen, planvoll gepflanzt unter dem Gesichtspunkt des größten Nutzens in der kürzesten Zeit.

Die Rekultivierung der Gefühle mit den technischen Mitteln unserer Zivilisation vermittelt oft einen ähnlichen Eindruck. Der Psychomarkt ist voller Intensivkulturen. Ein Wochenende, 400 Mark: «Ein neues Leben selbst gestalten, Primärtherapie, Rebirthing, Emotional Release, Initiationsritual …» Die Gefühle werden auf griechischen Inseln, italienischen Vulkanen oder im deutschen Wald zurückgewonnen, schnell und garantiert erfolgreich, voller *life energy* oder Bioenergetik.

Ich will diese Entwicklung nicht weiter untersuchen. Ihr für mein Thema bedeutungsvoller Aspekt liegt darin, daß die technischen Umgangsformen mit der Natur angewendet werden, um Schäden zu beheben, die eben durch sie entstanden sind. Die Grundstruktur dieser Situation habe ich eben beschrieben. Aber noch wichtiger scheint es mir, sie in den Alltag und in die allgegenwärtigen Beziehungsschwierigkeiten hinein zu verfolgen.

Die Regelung des Wandelbaren

Wie das Leben selbst sind die Gefühle, die Menschen miteinander verbinden können, wandelbar. Das heißt, sie widersprechen dem technischen Funktionsideal, das in ihnen gesucht wird. Im Zusammenhang mit dem Näheangst-Problem hört man oft Äußerungen wie: «Aber ich weiß ja gar nicht, ob ich sie wirklich liebe. Manchmal habe ich sie gern, manchmal geht sie mir auf die Nerven. Und jetzt will sie, daß wir endlich eine gemeinsame Wohnung nehmen. Das geht nicht. Ich weiß doch nicht, ob es richtig ist. In einem Jahr kann ich doch schon ganz anders empfinden.» Oder eine Frau: «Wenn er nach Hause kommt, würde er gern mit mir schlafen. Aber das kann ich doch nicht machen, ich kann doch nicht jeden Abend mit ihm schlafen. Ich muß mich wehren. Wenn ich da einmal nachgebe, dann bin ich dran!»

Je mehr sie kontrolliert und in planbare Leistungen einbezogen werden sollen, desto nachdrücklicher versagen die Gefühle ihren Dienst. Wo früher die Angst, sich zu versündigen oder zu beschmutzen, die erotischen Aktivitäten hemmte, ist es heute die Angst, nicht frei und direkt genug zu sein. Lag einst die Leistung in der Beherrschung des Gefühls, so liegt sie heute darin, das Gefühl möglichst gut zu bringen und zu zeigen. Das ist ebenso schwierig, wie es zu unterdrücken. Es führt in die paradoxe Anweisung hinein, endlich einmal spontan zu sein, die Gefühle wirklich zuzulassen.

Die Empfindungen ziehen sich zurück. Viele Menschen spüren mehr sexuelle Erregung, wenn sie sich selbst befriedigen, als zusammen mit einem Partner. Dann tritt das eigene Gefühl zurück, wird durch die Beobachtung der Erregung des anderen beiseite gedrängt. Der innere Druck, «voll orgasmusfähig» zu sein, tut ein Übriges. Am Ende bleibt keine Lust zurück, nur noch Last – etwa die, den Orgasmus vorzuspielen, um wenigstens den Schein zu retten. Dieses Spiel schafft eine innere Situation, die der äußeren Fassade genau entgegenarbeitet. Stöhnend muß überlegt werden, wie die Show des Sichgehenlassens am wirkungsvollsten zu gestalten ist.

Es ist freilich einfacher, solche Szenen in ihrem Widerspruch zu beschreiben, als Abhilfe zu schaffen. Die Lustnormen sind keine Folge äußerlicher Fehlinformation. Sie drücken Wünsche nach Transzendenz, nach einem Selbstverlust in Gefühlsstürmen aus, die um so weniger verwirklicht werden können, je genauere Vorstellungen die Betroffenen von ihnen haben. Das Tragische an der Situation der technisch erfolgreichen Menschen ist, daß sie mit ihren Versuchen, sich Harmonie, Geborgenheit und Glück zu verschaffen, genau das Gegenteil erreichen. Der Versuch, dauerndes Glück machbar zu gestalten und niemals mehr in den Sumpf der unzuverlässigen Gefühle zu geraten, erzeugt dauerndes Unglück. Die Unfähigkeit, sich der technischen Zeitperspektive zu entziehen («Garantiezeit»), führt dazu, daß unendlich viel Zeit in vergeblichen Versuchen verlorengeht, zeitlose Beständigkeit zu schaffen. Aber die Betroffenen haben gelernt, im Scheitern nur ihr persönliches Versagen zu tadeln – oder das des Partners.

Seit so viele Gelehrte die Intimsphäre kolonisiert haben, ist es schwer, sich diesen Idealen zu entziehen. Wie alle Kolonisatoren haben die Experten das, was sie unterwerfen, nur soweit verstanden, wie es ihren Zwecken dient, das heißt, wie es unter ihren Untersuchungsbedingungen funktioniert, die den Arbeitsbedingungen in der technischen Zivilisation entsprechen.

Diese Kolonisation soll zu weiteren Steigerungen der Anpassungsfähigkeit beitragen. Auch die Erholung im Ruheraum der intimen Liebe wird perfektioniert. Diese Entwicklung macht die Beteiligten blind für den ganzheitlichen Charakter der Liebesbeziehung. Schließlich geht es um die Gefühle *zwischen* zwei Menschen, nicht um den Bau einer perfekten Liebesmaschine *aus* zwei Menschen. Diese ideale Maschine kann nur funktionieren, wenn alle unangepaßten Gefühle aus ihr herausgehalten werden. Das scheint immer nur für kurze Zeit möglich. Der aufregende, der vielversprechende, der faszinierende Partner, mit dem man sich lebenslanges, aufregendes Glück vorstellen kann, verduftet nach Stunden oder Tagen. Er läßt unerfüllte Sehnsucht zurück, nimmt aber ebenso diese Sehnsucht mit sich. Denn auch er ist auf der Suche nach dem aufregenden, vielversprechenden, faszinierenden Partner, den er dort nicht findet, wo er wirklich festgehalten werden könnte.

Ruhelose Menschen grübeln in ihrer Einsamkeit darüber nach, was sie denn in ihrer letzten Beziehung wieder falsch gemacht haben. Es geht nicht darum, konkrete Wünsche nach Zärtlichkeit oder sexueller Befriedigung zu erfüllen. Die abstrakte Aufgabe, die vorher erledigt sein muß, heißt: den richtigen Partner für die richtige Beziehung zu finden. Da man stets nachher klüger ist und die eigenen Fehler wie die Mängel des Partners besser erkennt, wird auch die Auswahl immer kleiner. Der Schritt zur Nähe ist von immer gefährlicheren Hindernissen verstellt, statt wie andere Schritte durch die Übung, die aufgewendete Kraft leichter und müheloser zu gelingen.

Das Gefühl ist ein guter, zur Verzeihung bereiter Herr, aber ein grausamer, buchhalterischer Diener. Wo es von der symbiotischen Anpassungsbereitschaft beherrscht wird, hängt es selbst- und fremdquälerisch an der Erfüllung von Zielvorstellungen, von Leistungsnormen. Weil der befriedigende Ausdruck mißlingt, da er an ganzheitliche, fließende Erlebnisformen gebunden ist, stauen sich Wut und Haß. Heftige Angst alarmiert dann die Abwehrkräfte des Ichs. Die Leistungsbereitschaft funktioniert nicht gefühllos. Wenn emotional bestimmte Lebensformen zugunsten von Höchstleistung zurückgestellt werden, sollen die Liebesbeziehungen doppelt entschädigen. Die erfolgreichen Männer prunken mit ihren beruflichen Erfolgen und bieten sich ihren Frauen als stets und überall tüchtige Roboter an, die freilich wegen ihrer beruflichen Anspannung schonungs- und pflegebedürftig sind. Die starken, tüchtigen Frauen suchen mit saugendem Blick und einer bald schmeichelnd werbenden, bald nörgelnden Stimme die Männerwelt ab, ob endlich die ideale Mischung von Bindungsbereitschaft und Gefühlssicherheit auftaucht, die ihrem Wunsch nach Zärtlichkeit und differenziertem Gespräch standhält.

Vertrauen ist gut, Kontrolle ist besser

In der Technik kann die Sicherheit eines Prozesses vor allem durch zwei Mittel gewährleistet werden: ständige Kontrolle aller wichtigen Teilsysteme (zum Beispiel Öldruck, Batterieladung) oder – aufwendiger – durch mehrere, parallel geschaltete Systeme, die sich gegenseitig überwachen (Computer) oder beim Ausfall eines Systems dieses automatisch ersetzen (Notstromaggregat).

Der Versuch, solche Sicherheitssysteme in Beziehungen einzubauen, scheitert oft an der eigenen, vorbeugenden Absicht. Das Streben nach Sicherheit erzeugt wachsende Unsicherheit.

Heide fühlt sich von ihrem ersten Mann ausgebeutet. Er ist zwar faszinierend, ein guter Redner und tüchtiger Wissenschaftler, aber er hat Freundinnen neben ihr und macht keinerlei Anstalten, ihr bei der Hausarbeit zu helfen. Sie ist tagsüber im Büro und kocht am Abend. Als sie sich sexuell verweigert, trennt er sich von ihr. Sie leidet sehr und beschließt, in ihrer nächsten Beziehung diesen Fehler ganz bestimmt nicht zu wiederholen. So heiratet sie nach einiger Zeit einen Mann, der ganz anders ist als der erste: zuverlässig, etwas unsicher. Sie weiß, er wird ihr sicher treu bleiben. Nur etwas einfühlsamer und gesprächiger muß sie ihn noch machen. Weil sie selbst das ist, wird es schon klappen. Nach acht Jahren hält es Heide in der Ehe nicht mehr aus. Der Mann hat sich nicht geändert. Er ist immer noch zuverlässig und hat wenig Interesse an Gesprächen über Kunst und Politik.

Otto, ein erfolgreicher Geschäftsmann, heiratet Irene, seine Sekretärin, weil sie ein Kind von ihm erwartet. Er will nicht noch einmal Ärger mit einem unehelichen Kind. Außerdem ist sie sanft und anhänglich. Er bemüht sich, ein guter Vater zu sein, merkt jedoch, daß er nicht auf andere Frauen verzichten kann. Irene hat einen kleinen Busen – er aber möchte manchmal mit einer großbusigen Frau zusammen sein. Da er ihr diese Bedürfnisse ebenso wie seine Seitensprünge offen mitteilt – alles andere wäre schließlich verlogen –, zieht sie endlich zu ihrer Mutter und reicht die Scheidung ein. Er ist enttäuscht und verbittert. Sie hat das Kind mitgenommen, an dem er hängt. Bei der nächsten Frau, die er heiratet, will er sofort klare Verhältnisse schaffen. *Der* Fehler soll ihm nicht wieder passieren. Ein Ehevertrag wird aufgesetzt. Außereheliche Beziehungen sind beiden erlaubt. Gütertrennung ist von Anfang an klar. Er zahlt ihr das Studium, und dann ist Schluß. Während ihm die Anhänglichkeit und die Treueansprüche der ersten Frau auf die Nerven gingen, fühlt sich Otto durch die kühle Distanz und sexuelle Verweigerung der zweiten so gekränkt, daß er sich auch von ihr trennt. «Ich danke Gott jeden Abend, daß ich meiner großen Liebe nicht begegnet bin», sagt er selbstironisch, aber mit einem Schuß Bitterkeit über sein Leben als Junggeselle. Jetzt hat er aus Sicherheitsgründen meistens zwei Frauen nebeneinander. Er kann sich dadurch von beiden distanzieren, daß er jede von der Konkurrentin unterrichtet. Schließlich ist *er* keiner von diesen verlogenen bürgerlichen Männern!

Fritz hat ähnlich wie Otto immer zwei Eisen gleichzeitig im Feuer. Das gilt für seinen Beruf, wo er sich ständig neben dem, den er gerade ausübt, noch für einen anderen qualifiziert. Dadurch hat er viel Fahrerei, ist bald hier, bald dort. Das erleichtert es ihm, sein Privatleben ähnlich zu gestalten. An dem einen Ort ist seine Anwaltskanzlei, an dem anderen die Universität, wo er sich gerade habilitiert. Zur Kanzlei gehört eine Freundin, mit der er dort zusammenwohnt. Aber in der Universitätsstadt hat er auch eine Freundin. Es ist für ihn sehr wichtig, die Situation in dieser Schwebe zu halten, wo er auf keine berufliche und private Möglichkeit verzichten muß, wo alles offen ist, obwohl er am Abend oft noch so aufgeregt ist, daß er eine Flasche Wein braucht, um sich zu entspannen. Solange die beiden Frauen die Ausrede mit der übermäßig vielen Arbeit akzeptieren, kann Fritz mit Hilfe eines schnellen Autos und einer robusten Konstitution diese Lebensform verkraften. Aber während sich in der Technik zwei Systeme ergänzen und das eine immer zuverlässig als Reserve für das andere bereitsteht, ist es hier anders. Wenn ein System in die Krise gerät, droht auch das andere zu kippen. Eine solche Krise tritt auf, als eine der Freundinnen ein Kind will. Fritz lehnt erst ab – zu eng und verpflichtend –, stimmt dann aber zu, als er fürchten muß, sonst verlassen zu werden. Sobald die Frau schwanger ist, erklärt er jedoch kategorisch, er sei nicht bereit, sein Leben wegen eines Kindes zu ändern. Daraufhin begeht sie einen Selbstmordversuch. Die Schwangerschaft muß abgebrochen werden. Die enttäuschte Freundin wird mißtrauisch und kommt hinter das Geheimnis. Jetzt muß Fritz seine Aktivität noch steigern. Es kommt zu Szenen wie der, daß er mit Freundin A zum Wochenende verreist und vom Hotel aus Freundin B anruft, um ihr zu sagen, er liebe sie und wolle jetzt gern ein Kind mit ihr. Aber sie solle ihm doch Zeit lassen, die Beziehung mit A zu beenden.

Fritz glaubt, in seinen Beziehungen gegen eine verlogene bürgerliche Moral anzugehen. Er fühlt sich von dem Anwaltsberuf aufgefressen und unbefriedigt – man kann doch nur ganz wenig ausrichten, die Gesellschaft bewegt sich keinen Millimeter. Also qualifiziert er sich weiter, steigert seine Leistungsfähigkeit. In seinen Beziehungen hofft er, daß Freundin B verhindern wird, daß er sich von Freundin A eingesperrt fühlt wie ein Vogel in einem Käfig. Aber statt dessen muß er von Käfig zu Käfig flattern.

Die Gefühlskontrolle äußert sich in den Beziehungen so, daß stumme oder gesprochene Dialoge entstehen, in denen stets das Gefühl des anderen deutlicher und wichtiger ist als das eigene. Die Aufmerksamkeit richtet sich auf das, was ein Teil der kontrollierbaren, nachprüfbaren Außenwelt ist. Der Liebende drückt sein Gefühl aus, indem er die Geliebte genau beobachtet, ob sie ihm noch zugewandt ist. Seine Haltung ist wie die des modernen Industriearbeiters, der nicht mehr seine Glieder rührt, sondern angestrengt auf flimmernde Schirme blickt oder in Leitständen voller Sensorenanzeigen sitzt. Mimosenhafte Empfindlichkeit für die emotionalen Ausdrucksformen des Gegenübers wird von heroischer Unempfindlichkeit gegenüber den eigenen Gefühlen begleitet, vielmehr erst durch sie ermöglicht.

Als Beispiel beschreibe ich eine Szene in einer Therapiegruppe, in der Volker bereits öfters beobachtend im Mittelpunkt eines von ihm entfesselten Gefühlssturms saß. Er ist ein überaus tüchtiger Ingenieur, dessen berufliche Laufbahn nur dadurch Einbußen erlitt, daß er Führungspositionen schlecht ausfüllen konnte. Das lag daran, daß er die Arbeit seiner Untergebenen bis in die kleinsten Einzelheiten überwachte und verbesserte. Er suchte Hilfe, weil seine Frau einen Geliebten hatte und dadurch eine tiefe Depression mit Selbstmordplänen bei ihm auslöste. Er verurteilte sich, daß er seiner Frau, die ja bei ihm und den Kindern bleiben wolle, nicht mehr vertrauen könne. Die Gruppenmitglieder reagierten zunächst mit Mitgefühl, wurden aber bald wütend, weil Volker keine Hilfe annahm. «Warum bist du nicht wütend geworden und hast ihr eine Szene gemacht?» fragte beispielsweise einer. «Ich weiß nicht, ob ich ihr eine hätte machen sollen», antwortete Volker. «Außerdem kann ich das nicht. Ich würde ja gern wissen, wie ich es machen soll, spontaner und offener zu reagieren. Aber ich kann es nicht. Es bringt mir auch nichts, wenn du mich fragst, warum ich es nicht kann. Das frage ich mich ja selber schon die ganze Zeit!» Das Gruppenmitglied stöhnt auf und sagt, Volker würde niemand an sich heranlassen. «Natürlich würde ich dich gern an mich ranlassen», sagt Volker. «Aber ich weiß nicht, wie ich es tun soll. Warum bist du so aggressiv zu mir?» Andere Versuche, mit ihm in Kontakt zu kommen, erleiden ein ähnliches Schicksal. Alle möglichen Schritte und Leistungen, alles, was er in seiner Situation *machen* könnte, hat Volker schon in seinem Kopf geprüft und entweder getan oder verworfen, weil er es eben nicht kann. Was ihm in der Gruppe gesagt wird, bringt ihn keinen Schritt weiter. Es befähigt ihn nicht, gefühlvoller zu sein, und vermittelt ihm auch keine neue Einsicht. Allerdings ist zu beobachten, daß sich sein bleiches Gesicht rötet, während in der Gruppe ein Mitglied nach dem anderen anfängt, ihn anzuschreien, hektisch auf ihn einzureden, sich intensiv mit ihm zu beschäftigen. Ob er von seiner Frau berichtet oder einen Traum erzählt, immer ist es so, daß am Ende in der Gruppe eine gespannte Stimmung herrscht und er ruhig im Auge des Orkans zu sitzen scheint. Ein solcher Traum enthält das Bild, daß er über eine schmale Brücke geht, während unten in einem tiefen Wasser gefährliche Tiere lauern, Krokodile und Haifische. Andere stürzen in die Tiefe. Er nicht, er kommt wohlbehalten am Ufer an.

Volker gehört zu den Opfern der Industriewelt, die vergebens versuchen, erfolgreiche Mittel zur Bewältigung ihres beruflichen Alltags in ihrem Liebesleben anzuwenden. Ich sehe in seinem Leiden kein individuelles, persönliches Problem, das man mit Diagnosen wie «depressive Reaktion auf der Basis einer zwanghaften Persönlichkeitsstruktur» einordnen und den geeigneten Experten zur Bewältigung überlassen kann. Volker ist nur ein besonders deutlicher Hinweis auf eine Überforderung, die der Leistungsdruck und die Monokultur der kontrollierten Seiten der Person mit sich bringen. Die emotionalen Sehnsüchte weichen in immer dunklere, weniger ausgestaltete Bereiche zurück. Es geht nicht um abgrenzbare Triebbefriedigung, sondern um symbiotische Geborgenheit. Sie zu erhalten, ist Volker zu allen Zugeständnissen bereit. Gerade diese Zugeständnisse kosten ihn, was er mit ihrer Hilfe erreichen will. Sein Verhalten in der Gruppe drückt aus, daß er gewissermaßen unbegrenzte Anpassungskapazitäten frei hat. Man soll ihm nur genau sagen, was er machen muß, denn er kann es nicht selbst finden. Aber an dieser Stelle wird die Situation paradox. Denn was er sucht, ist gerade seine emotionale Selbstbestimmung, sind seine eigenen Gefühle, die er aufgibt, um die Umwelt im Griff oder doch wenigstens im Auge zu behalten.

Wie fremd Volker seine eigene Gefühlswelt ist, wie sehr sie sich gespenstergleich immer dann zurückzieht, wenn er sie fassen will, wird auch aus seiner Sprache deutlich. Er sagt fast immer, wenn er von eigenen Gefühlen redet, Sätze mit einem «vielleicht» oder «ich weiß nicht, aber», während er bei den Äußerungen über die Empfindungen anderer Menschen, zum Beispiel seiner Frau oder der Gruppenmitglieder, klare und eindeutige Aussagen macht.

Auf einem Gruppenwochende sondert er sich ab, spielt Klavier, während die anderen gemeinsam wandern. Die Gruppenmitglieder versuchen vergeblich, ihn zum Mitkommen zu bewegen. Später erzählt er, es sei gar nicht so schön gewesen, wie er es erwartet habe: er wäre nachher, als alle fort waren, doch gern mitgegangen. Die expressive Phantasie («alle sollen dableiben und mein Klavierspiel bewundern») wird ins Gegenteil verkehrt («geht nur ruhig, ich spiele am liebsten allein»). Ausdruckswünsche sind zu gefährlichen Ungeheuern der Tiefe geworden, die man bei der vorsichtigen Anpassungs-Gratwanderung nicht aufstören darf. Die Worte richten sich fast grundsätzlich *gegen* die eigenen Gefühle. Sie eignen sich nicht dazu, emotionale Bedürfnisse auszudrücken, sondern nur, sie zu überwachen und zu behindern. Die Wünsche haben sich in einen vorsprachlichen Bereich zurückgezogen. «Die Auseinandersetzung in der Gruppe hat mir gutgetan, aber ich weiß nicht wie. Ihr habt doch nur mit mir gestritten», sagt Volker einmal, nachdem er der Gruppe mitgeteilt hatte, das ganze Gerede hätte ihm bisher nichts gebracht. Er spürt die Zuwendung und kann sie, sobald er nach der Gruppe allein nachdenkt, durchaus annehmen. Aber sobald er mit einem anderen Menschen zusammen ist, beginnt er über dessen Gefühle nachzudenken und kann seine eigenen nicht mehr spüren.

Unsere Technik ist von den Zwängen geprägt, welche die möglichst wirksame Nutzung von großen Geldmengen schafft. «Ich habe so viel in diese Beziehung investiert» lautet eine geläufige Formel, mit der oft die depressive Verarbeitung von Verlusten verbunden ist. Wirtschaftliche Gesetze wie Investitionskontrolle, Risikoverteilung, Kostenüberwachung und Bilanz lassen sich mehr oder weniger deutlich in vielen intimen Beziehungen auffinden. Sie sind dabei selten die Prinzipien erster Ordnung. Sie werden erst dann eingeführt, wenn die Betroffenen einmal oder mehrmals gescheitert sind. Zunächst dienen sie dazu, das Scheitern zu erklären. Man hat zuviel hineingesteckt und nicht aufgepaßt, ob man es wiederkriegt. Man hat sich getäuscht; der Partner hat um Gefühle betrogen, wie ein Handelspartner, der Schwarzgelder auf ein Nummernkonto in der Schweiz transferiert.

Hier verbirgt sich ein ernsthaftes Problem. Der unglückliche Mensch, der zu dem Schluß kommt, er habe zuviel in eine Beziehung investiert, begräbt damit seine Hoffnung, es gäbe in dieser Geldwelt einen freien Raum für seine Gefühle. Dies war der Traum, den er beenden will. Wenn er in Zukunft seine Gefühle zählt und wiegt, Kostenkontrolle einführt und sich gelegentlich eine Bilanzprüfung verordnet, dann hat er genau die Gesetze, denen er doch entrinnen wollte, in den ersehnten Freiraum eingeführt. Es wiederholt sich, was sich schon in Millionen einzelner Szenen abgespielt hat: die Gesetze der Geldwelt zerfressen gefühlsbestimmte Werte, deren Unschätzbarkeit erst erkannt wird, wenn sie dahin sind. Warum deuten wir nicht die Ungeheuer der Tiefe einmal so, verlegen das Unbewußte aus den Individuen hinaus in die Strukturen der Produktionsmittel? Vermutlich nicht deshalb, weil solche Deutungen weniger sinnvoll wären, sondern weil sie uns zuviel Hoffnung nehmen. Wir glauben immer noch, die Tiefen des Individuums böten einen Ansatz zur Heilung, den uns die heillose Industriewelt vorenthält.

In der Intimsphäre spielen sich, durch ein Heer von Therapeuten nicht aufzuhalten, zerstörerische Vorgänge ab, die man mit jenen vergleichen kann, durch die Äcker in Trabantenstädte, Almen in einen Skizirkus oder Handwerker in geldgierige Teiletauscher verwandelt werden. Gefühlsorientierung und Gefühlsausdruck werden ersetzt durch Überlegungen darüber, was sich am besten rechnet und rentiert. Wie der Hase vor dem Igel, so fliehen die Menschen vor der kalten Welt des Marktes in die Intimräume. Aber der Igel ist schon da. Die Strukturen der Industriewelt sind nicht leicht zu verändern. Die Ausbeutung der Natur, die Kolonisation der Gefühle begleitet die Entwicklung der sozialistischen Gesellschaften ebenso wie die der kapitalistischen. Die westlichen wie die östlichen Zauberlehrlinge werden die Geister nicht los, die sie in ihren Dienst riefen. Umwelt und Innenwelt leiden unter der Industrialisierung, die Alkoholiker nehmen auf beiden Seiten des Eisernen Vorhangs zu, die Vielfalt der Pflanzen und Tiere nimmt ab. Es ist ungewiß, ob in den sozialistischen Ländern bessere Voraussetzungen herrschen, mit diesen Schwierigkeiten fertig zu werden. Marx konnte nicht voraussehen, daß sich eine Perspektive entwickeln würde, in der die Gemeinsamkeiten zwischen einer sozialistischen und einer kapitalistischen Atomindustrie größer sind als die Unterschiede zwischen beiden.

Mir scheint, daß es keinen Ausweg ohne Schmerz und Trauer gibt, wenn wir uns von dem wildgewordenen Fortschritt trennen wollen. Die bisher vorgeschlagenen Lösungen enthalten wenig Hinweise darauf, wie eine neue Wirklichkeit durch Trauer hergestellt werden kann. Ich will versuchen, das im Bereich der Liebesbeziehungen darzustellen.

9 Die Heilkraft der Trauer

> Er wird seinen Schmerz nicht vergessen, doch wird dieser sein Herz nicht verdunkeln, sondern ihn Weisheit lehren.
>
> J. R. R. Tolkien*

Wenn mich heute jemand nach der wichtigsten Fähigkeit fragen würde, seelische Heilungsprozesse in Gang zu setzen, dann wäre die Antwort: Trauer ermöglichen. Obwohl ich die Formel von der «Trauerarbeit» bereits seit vielen Jahren kenne, war sie für mich ein eher abstrakter, wenig faßbarer Begriff, bevor mich die Angst vor Nähe in ihren Bann zog. In den letzten Jahren hat die Trauer für mich eine deutlichere Gestalt gewonnen. Nach wie vor finde ich das Wort von der «Trauerarbeit» unglücklich gewählt. Nennen wir den natürlichen Heilungsprozeß einer Wunde Vernarbungsarbeit? Mir scheint, daß Freud von seiner Neigung geführt wurde, sich das Ich des seelischen Apparats wie den Wissenschaftler bei der Arbeit vorzustellen. Die emotionale Tätigkeit, die – solange sie nicht gestört wird – zyklisch und gestalthaft abläuft, wird zur Arbeit, zur Leistung. Sie fordert kontrollierte Anstrengung und kann durch gesellschaftliche Wertvorstellungen eingeklagt werden.

Die naturbelassene Trauer entspricht den Vernarbungs- und Heilungsprozessen im Organismus. Sie sorgt dafür, daß der Betroffene ruhiggestellt ist, von seiner Umwelt geschont und bestätigt wird. Dadurch kann sich die seelische Wunde schlie-

* J.R.R. Tolkien, The Return of the King, New York (Ballantine) 1965, S. 177.

ßen und allmählich heilen. Allerdings verläuft dieser Vorgang beim Trauern – im Gegensatz zur Heilung eines gebrochenen Knochens oder eines verletzten Fingers – nicht linear und relativ rasch, sondern zyklisch und relativ langsam. Das heißt, daß der Trauernde zwischendurch auch andere Dinge machen kann, daß er sogar scheinbar unauffällig, ja fröhlich ist. Eine Erklärung dafür läßt sich wohl darin finden, daß unter natürlichen Lebensbedingungen, auf die unsere emotionale Struktur zugeschnitten ist, die Anlässe zur Trauer recht häufig sind und eine periodische Möglichkeit, die Trauer zurückzustellen, überlebensnotwendig war. Wie viele Gefühle ist auch die Trauer als naturgegebene Heilung seelischer Verletzungen in einer leistungsorientierten Gesellschaft oft bekämpft und abgewertet worden.

Trauer ist etwas anderes als Depression. Die Depression hängt mit einem Verlust des inneren Objekts zusammen, die Trauer mit dem Schmerz über äußere Verluste. Während die Depression keine neue Wirklichkeit schaffen kann, ebensowenig wie Angst oder Wut (die sie häufig begleiten), stellt die Trauer diese neue Wirklichkeit schrittweise her.

Was ist damit gemeint? Der Depressive kann die durch den Verlust drohenden Schmerzen nicht auf sich nehmen und zieht sich in eine Art selbstverordneter Narkose zurück. Diese hängt damit zusammen, daß ihm der elementare Unterschied zwischen Verlusten, die «schade» und solchen, die «schlecht» sind, verlorengegangen ist. Er kann sich nicht damit abfinden, daß er nicht so geliebt wird, wie er es sich wünscht. Er glaubt, durch immer erneute, rastlose Anstrengung könnte er diese traurige Situation ändern. Er ist wütend, weil es ihm nicht gelingt. Er ist voller Angst, ob er es schafft. Die Wut richtet sich gegen ihn: schließlich ist er selbst dingfest und habhaft zu machen. Das ersehnte vollkommene Liebesobjekt, mit dem er zu einer mächtigen Einheit verschmelzen kann, darf nicht durch Wut befleckt und seinerseits dazu gebracht werden, ihn möglicherweise abzulehnen.

Solange ich es meinem eigenen Versagen, meiner Untüchtigkeit, mangelnden Intelligenz und Leistungsbereitschaft, meiner kaputten Kindheit oder der kaputten Kindheit meines Partners zuschreibe, daß ich nicht so geliebt werde, wie ich es brauche – solange kann ich immer noch glauben, daß ich etwas *machen* kann. So bin ich ängstlich (daß es mir mißlingt), wütend (weil ich mich so anstrengen muß) oder völlig leer und entkräftet (weil ich mich erschöpft habe). Trotzdem weigere ich mich anzuerkennen, daß *es einfach so ist*. Ich kann eine Wirklichkeit, die mich sehr traurig machen würde, von mir fernhalten. Vielleicht wird hier bereits deutlicher, weshalb der Heilungsprozeß der Trauer so häufig mißlingen muß. Je mehr sich eine Gesellschaft zum Herrn über die Natur machen will, desto weniger kann sie Trauer zulassen. Die Ehepartner, die sich jahrzehntelang mit gegenseitigen Vorwürfen quälen, weil sie nicht über ihre enttäuschten Sehnsüchte trauern und damit eine neue, gemeinsame Wirklichkeit finden können, wiederholen eine gesellschaftliche Haltung, in der man auch zuerst daran denkt, höhere Schornsteine zu bauen, wenn die Luft bei den Kraftwerken nicht mehr eingeatmet werden kann. Später sterben dann, weit entfernt, die Wälder. Jetzt denkt man an neue Filteranlagen – und kein einziges Mal daran, die Trauerarbeit auf sich zu nehmen, die ein Verzicht auf weiteres Wachstum von Energieverbrauch und Konsumgüterproduktion mit sich bringt.

Die sensible Antwort auf Leistungsforderungen, welche in unserer Gesellschaft äußeren Erfolg ermöglicht, scheint auch zu den Voraussetzungen der Angst vor Nähe und des Symbiosekampfes zu gehören. Sie entsteht zum Teil dadurch, daß die eigenen Gefühle und mit ihnen die emotionale Autonomie verkrüppelt und in ihrer Entfaltung behindert werden. An ihre Stelle treten Schutzmechanismen. Wie der Panzer das weiche

Innere des Krebses sollen sie die unsicher gewordene, von ständigen Zweifeln an den eigenen Gefühlen gefährdete Autonomie schützen. Abstand halten, keine feste Bindung wollen, verschiedene Partnerschaften gleichzeitig pflegen, Sexualität von Zärtlichkeit und geistiger Auseinandersetzung abspalten sind solche Schutzmaßnahmen. Der mit deutlichen Gefühlen auf den Betroffenen zugehende Partner wird als fressend, als verschlingend oder bohrend erlebt. Oft gibt er Anlaß dazu, wenn er am Ende mit Brecheisen und Schneidbrenner gegen den Panzer vorgeht. Jetzt ist ganz klar, daß er ihn nur knacken will, um an das weiche Innere zu kommen und es aufzufressen. So wird die Rüstung von innen verstärkt. Während der Bestürmte äußerlich ruhig und gelassen scheint, tobt in ihm eine heftige Abwehraktivität. Der Wachdienst wird verstärkt, um jede Schwachstelle rechtzeitig zu erkennen und auszubessern.

Wer sich so vor Nähe schützt, hat meist den Kontakt zu seiner natürlichen Fähigkeit zur Trauer verloren. Verbunden damit spürt er heftige Angst vor einer Depression, die ihn einschließen würde wie eine eiserne Rüstung mit verrosteten Gelenken. Weil das Empfinden für den naturgegebenen, zyklischen Charakter der seelischen Selbstheilung verlorengegangen ist, wird die Angst vor der Depression unabweisbar, zu der die Phantasie endloser Gefangenschaft gehört. Ein Beispiel sind jene Depressiven, die von sich sagen: «Ich darf auf keinen Fall weinen. Wenn ich damit anfange, dann kann ich nie mehr aufhören!» Ihnen ist das Empfinden für den zyklischen Charakter des Weinens verlorengegangen. Das Weinen darf nicht als heilsamer Ausdruck von Trauer einfach sein, weil es ist, sondern muß als zweckloses, unangepaßtes Verhalten verurteilt werden, weil es ja «nichts löst», «mir nicht hilft», «mein Problem nicht beseitigt». Das Weinen bringt den verlorenen Partner nicht zurück. Wer an Krebs erkrankt ist, wird durch Weinen nicht wieder gesund. Das Weinen, die Trauer lösen etwas, aber sie lösen nicht «das Problem». Je stärker wir darauf festgelegt sind, Probleme zu lösen, desto weniger dürfen wir traurig sein oder weinen.

Die Flucht vor der Trauer schlägt viele verschiedene Wege ein. Der Verlust kann verdrängt werden. Er wird dann gar nicht als solcher erkannt, sondern bleibt unbewußt. Wenn das nicht möglich ist, wird er verleugnet, ja in einen Gewinn umgemünzt.

«Nein, es hat mich gar nicht gestört, daß sich Monika von mir getrennt hat. Ich wollte ihr sowieso schon lange den Laufpaß geben. Aber jetzt bin ich endlich frei! Das muß gefeiert werden!»

«Nachdem sich Celia von mir getrennt hatte, habe ich erst geweint. Dann habe ich gedacht, das ist sie nicht wert. Ich habe mir eine lange Liste gemacht, was mir die ganze Zeit schon gestunken hat, ihr dicker Hintern und ihre Geschwätzigkeit. Wenn ich mit anderen Leuten rede und so über sie herziehen kann, geht es mir gut. Ich spüre gar nichts mehr. Aber wenn ich allein bin, halte ich es kaum aus. Ich bin unruhig, renne hin und her. Ich habe immer schlafen können, aber jetzt liege ich fast die ganze Nacht wach, wenn ich mir nicht einen ansaufe. Wenn ich einschlafe, schreck ich auf einmal hoch und hab Angst.»

Das erste Zitat zeigte eine bereits in der Beziehungsgestaltung vorbereitete Trauervermeidung. Das zweite zeigt, wie der Schmerz durch Entwertung des verlorenen Partners bekämpft wird. Es lohnt sich doch nicht, um jemand zu trauern, der so wenig anziehend ist! Allerdings hilft diese Entlastung nur für kurze Zeit. Sie setzt voraus, daß die Abwehr mit voller Kraft arbeitet. Daher ist auch der Schlaf gestört. Er wird durch Angstanfälle unterbrochen. Der Wechsel von Überschwang («sie ist es nicht wert, was brauche ich sie!») und Depression läßt sich deutlich beobachten. Trauer ist weder das eine noch das andere. Wenn der Verlust verleugnet wird, kann der Betroffene nicht zu einer neuen inneren Wirklichkeit finden. Er ist gezwungen, sich zu wiederholen. In quälenden Gedankenreihen kreist er darum, ob es jetzt richtig war, sich zu trennen, oder falsch. Eine ähnliche Form von Wiederholung als Vermeidung von Trauer ist der abrupte Ersatz eines Partners durch einen anderen.

Anna, eine gebildete und sensible Theaterkritikerin, hat schon seit vielen Jahren eine Beziehung zu einem Kollegen. Beide empfinden diese als sehr schwierig. Sie haben viele Gemeinsamkeiten, aber all die Jahre ist unklar geblieben, ob sie sich «genug lieben». So will Bernd keine Kinder, während Anna gern welche hätte. Als Bernd für ein Jahr in einer anderen Stadt arbeitet und sie sich während dieser Zeit nur noch selten treffen können, spürt Anna keine Trauer, aber einen merkwürdigen Grübelzwang, der sich ständig verstärkt und sie endlich in eine Therapie führt. Sie kann nicht mehr schlafen, sondern überlegt dauernd, ob sie sich von Bernd trennen muß oder nicht. Sie reiht lange Ketten seiner schlechten Eigenschaften aneinander, wägt sie gegen seine guten ab, findet sich anschließend widerwärtig und verkopft, weil sie zu keiner Entscheidung fähig ist. Eben diese Trockenheit und Verkopftheit wirft sie Bernd auch am meisten vor. Nach langem Hin und Her – Bernd gibt unter dem Eindruck von Annas Trennungswünschen seine Vorbehalte gegen Kinder auf und beginnt seinerseits eine Psychotherapie – trennen sich die beiden. Anna lernt jetzt einen Mann kennen, der sie sehr verehrt und verwöhnt. Aber sie zweifelt wieder an ihren Gefühlen, weil sie soviel Emotionalität gar nicht erwidern kann. Und außerdem fehlen ihr die geistigen Anregungen, die ihr bei Bernd der gemeinsame Beruf versprach. Sie läßt sich trotzdem darauf ein, die neue Beziehung anzunehmen und zu genießen. Wenn ihr Freund verreist, wundert sie sich wieder über ihre Gleichgültigkeit. Mit ihm zusammen ist sie herzlich und fröhlich. Doch wenn er fort ist, fragt sie sich, ob er der Richtige ist oder ob sie sich nicht lieber trennen sollte. Während einer solchen Zeitspanne trifft sie sich mit Bernd zum Abendessen. Er fragt sie, ob sie ihn heiraten will. Für Anna ist jetzt ganz klar, daß sie sich sofort von ihrem jetzigen Freund trennen muß. Sie ist sich ganz sicher. Vor soviel Elan wird Bernd ängstlich. Er hält es nicht mehr aus, mit Anna zusammenzusein. Wieder kommt es zu langen Telefongesprächen, in denen die Ängste vor der Beziehung, die Frage, ob man sich gegenseitig genug geben könne, quälerisch zerpflückt werden.

An diesem Beispiel kann der Zusammenhang zwischen der Vermeidung von Trauer und der Sehnsucht nach der idealen, symbiotischen Beziehung verdeutlicht werden. Anna will einen Mann, der gleichzeitig wie sie selbst und ganz anders ist. Bernd ist ihr ähnlich – daher fehlt die emotionale Sicherheit, die ihr der zweite Freund bietet. Aber sie kann sich nicht entscheiden, weil sie nicht zu der Trauer bereit ist, die der Verzicht auf die vollkommene Erfüllung dieser Sehnsucht mit sich bringt. Der Widerspruch von Anpassung und Liebe ist nicht lösbar. Der gebildete, interessante, «schwierige» Mann ist nicht gefühlvoll und gefühlssicher genug, der gefühlssichere nicht interessant genug. Die fehlende Bereitschaft zur Trauer ist natürlich nicht Annas Willkür unterworfen (wie sie sofort annehmen würde, läse sie diese Zeilen!), sondern in ihrer Lebensgeschichte verwurzelt. Sie war schon als Kind der Sonnenschein der Familie, stets heiter, ausgeglichen, gescheit, im Gegensatz zu einer ständig kranken Schwester problemlos, eine gute Schülerin. Noch jetzt fühlt sie sich oft innerlich leer und gelähmt, wenn sie bei einem Abendessen mit ihren Eltern wie eine Wunderkerze gute Laune und geistige Anregung versprüht hat.

In der Trauer erwirbt der Betroffene schrittweise die Möglichkeit, seelische Teilbereiche aktiv durch seine eigenen Gefühle und Wünsche zu versorgen, in denen er sich bisher an einen anderen Menschen angelehnt und sich von diesem abhängig gemacht hat. Wer sich diesen Prozeß nicht zutraut, muß entweder immer abhängig bleiben, oder er darf nie abhängig werden. Da jede starke Gefühlsbeziehung mit der Empfindung von Abhängigkeit und der Sehnsucht nach ihrem Fortbestehen verbunden ist, müssen stärkere Gefühle vermieden oder genau überwacht werden. Die Vermeidung von Trauer führt dazu, daß Beziehungen klebrig werden, wie das Nessoshemd, welches Fleischfetzen aus dem Körper reißt, sobald man es ausziehen will. Der Betroffene fühlt in sich den fast unwiderstehlichen Wunsch, sich für immer zurückzuziehen, den Kontakt für immer abzubrechen, wenn er enttäuscht wird. Wie sich ein in der Falle gefangenes Tier die Pfote abbeißt, so verstümmelt er sich lieber, gibt Wünsche auf, die ihm viel bedeuten, nur um nicht machtlos der Trauer ausgesetzt zu sein.

Trauer ist gerade noch erträglich, wenn sich der Betroffene schont, wenn er liebevoll mit sich umgeht, sich Zeit läßt zu genesen und anderen Menschen die Gelegenheit gibt, seine Wunde zu versorgen, Rücksicht auf sie zu nehmen. Anders in der Welt der Näheangst. Die Trauer wird verleugnet. Keiner darf von ihr etwas merken. Da der unentbehrliche Trost und die nötige Schonung auf diese Weise ausbleiben, ist die Gefahr groß, daß aus dem zyklischen Ablauf der Trauer ein verhärtetes, psychosomatisches Leiden wird. Bronchialasthma, ein Magengeschwür, eine Colitis ulcerosa oder eine Krebserkrankung treten an ihre Stelle. Jetzt, wo sich der Betroffene nicht mehr nur schwach und traurig *fühlt,* sondern einen guten, vorzeigbaren Grund dafür hat, ist die Schonung erlaubt. In vielen Fällen ersetzt das psychosomatische Leiden die Trauer. Der Kranke wird nach einiger Zeit wieder gesund, wenn seine seelische Verletzung nicht zu tief ist, und kann sogar die Rückbesinnung auf seinen Körper und die Vergänglichkeit seiner Existenz sinnvoll in sein Leben einbauen. In anderen Fällen gelingt das nicht. Das Leiden wird zu einem dauernden Begleiter.

Ein Ausweg, der ebenfalls sehr häufig gesucht wird, liegt in der Betäubung. Wie der verletzte Verbrecher ein Schmerzmittel nimmt, damit ihm keiner die Wunde anmerkt, so wird die durch das Erlebnisverbot unerträglich gewordene Trauer mit Alkohol, Drogen oder chemischen Hilfsmitteln beseitigt. Glücksmittel, die Sicherheit vor Trauer versprechen, führen am Ende zu dauerndem Elend, weil sie den natürlichen Kreislauf der Gefühle von Lust und Unlust, Schmerz und Entspannung, Trauer und Freude einebnen. Es ist wie mit dem Bau einer

Schnellstraße durch einen Urwald: Man kommt schneller voran, wenn das vielfältige Leben mit Kies und Beton zugeschüttet wird. Aber man kann sich nicht mehr erholen. Wenn endlich überall Schnellstraßen sind, wenn die gesamte (Innen-) Welt «erschlossen» ist, dann gibt es auch keinen Ort mehr, wo das Bleiben lohnt.

10 Die Magie der Erwartung

> Nun wißt ihr ja, wie es ist mit der Erwartung: begierig und leichtgläubig baut sie ein Bild auf. Dann aber rechnet sie schonungslos ab über das Gute, welches sie ganz ohne Grund gab.
>
> Alessandro Manzoni,
> Die Verlobten

Wer sich mit den Symbiosen und der Näheangst beschäftigt, gewinnt einen schärferen Blick für die magischen Erwartungen, die solche Beziehungen bestimmen. Das Handeln der Betroffenen wird durch ein kompliziertes Ritual geformt, das sich etwa so zusammenfassen läßt: «Wenn ich ihn / sie lange genug genauso behandle, wie ich von ihm / ihr behandelt werden will, dann werde ich endlich die ersehnte vollkommene Übereinstimmung und Harmonie finden.» Diese Erwartung hängt mit einer verborgenen Selbstüberschätzung zusammen. Der magisch Handelnde glaubt, er könne durch seine Stärke, seine liebevolle Rücksicht, seine gesammelte Aufmerksamkeit den anderen so beeindrucken, daß er ebenso umfassend versorgt wird. Gleichzeitig gibt er keine Bedürftigkeit zu erkennen. Er bemüht sich, die Bedürfnisse des anderen zu erraten und zu erfüllen, den aktiven Teil der Symbiose zu verkörpern, um Anwartschaft auf den passiven zu erwerben.

Die magische Erwartung kann aufrechterhalten werden, weil der Partner nicht als abgrenzbare Person mit eigenen Wünschen erlebt wird, sondern als Aufgabe, die durch eigene Leistung endlich auch zu Gegenleistungen gebracht werden soll. Die Betrachtung dieser magischen Erwartungen führt zu einem erweiterten Verständnis von Manie und Depression. Ich will die psychiatrischen Erklärungen weitgehend außer acht lassen, wonach es sich hier um «endogene Psychosen» handelt, die auf angeblichen Veränderungen des Gehirnstoffwechsels beruhen. Dagegen spricht zum Beispiel, daß solche Erkrankungen in verschiedenen Kulturen außerordentlich verschiedene Gestalt haben und auch in höchst unterschiedlicher Häufigkeit auftreten. Zudem bietet eine solche naturwissenschaftliche Erklärung Handhaben, um die Betroffenen als unverständlich und dem eigenen Zustand unvergleichbar auszugrenzen. Die medizinischen, vor allem die psychiatrischen Diagnosen sind ein Ausdruck institutionalisierter Näheangst. Sie versachlichen den Betroffenen und ersparen deshalb eine menschliche Begegnung, wie sich unschwer beobachten läßt, sobald sich Ärzte oder Psychologen mit der Beziehung zu ihren Patienten auseinandersetzen. Immer da, wo die Gefühle fehlen, stellt sich eine Diagnose ein – «spontan» wird zu «hysterisch», «sensibel» zu «paranoid», wenn Spontaneität oder Sensibilität von Experten nicht gewünscht sind. Die tiefe Not, die sich darin ausdrückt, daß die «endogenen» Verstimmungen oft für unser Verständnis nicht mehr erreichbar sind, sollte nicht dazu führen, naturwissenschaftliche Erklärungen in den Vordergrund zu stellen.

In der Manie ist der Betroffene überschwenglich und von scheinbar grenzenloser Selbstsicherheit. Er ist überzeugt davon, daß alles machbar ist und er selbst unwiderstehlich. Er kann allen helfen und braucht selbst nichts. – Sicherlich werden einige Maniker auffällig, weil sie übertreiben, in der Straßenbahn Opernarien singen oder sich mit einem Polizisten prügeln, der sie partout daran hindern will, endlich dem Bürgermeister zu sagen, was er zu tun hat. Aber diese Karikaturen sind eine winzige, eindeutig gestörte Minderheit in einer insgesamt von manischen Verhaltensweisen bestimmten Zivilisation. (Daher ist es auch bezeichnend, daß sehr viel mehr de-

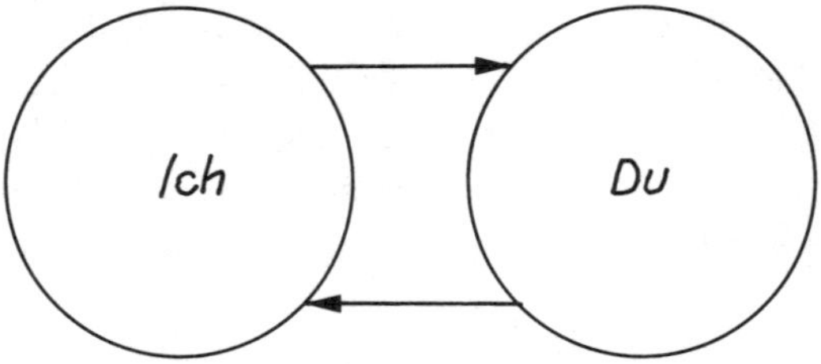

Schematische Darstellung einer Gefühlsbeziehung: Zwei abgegrenzte Personen, die sich einander mit ihren liebevollen Gefühlen zuwenden.

pressiv Kranke auffällig werden als Maniker.) Manische Erlebnisformen sind in unserem Alltag und in unseren politischen Umgangsformen verbreitet. Die Überzeugung, alles sei machbar, bestimmt weite Teile der Wirtschaft. Ihre Folgen sind wie die einer individuell krankhaften Manie. Der Betroffene verschwendet sein Vermögen an sinnlose Unternehmungen. Irgendwann kommt das böse Erwachen. Geht es den Industriegesellschaften bei der Plünderung dieses Planeten anders?

Diese Übertreibungen haben ihren Zweck erfüllt, wenn sie sensibler machen für die alltägliche, kontrollierte, funktionierende Manie, die in so vielen Anpassungsbeziehungen eine große Rolle spielt. Sie bleibt unauffällig, solange die Beziehung besteht. Wenn sie abreißt, zeigt die entstehende Depression deutliche Spuren des vorher vorhandenen Größenwahns, durch die eigene Anstrengung eine Symbiose zu «schaffen».

Bettina stammt aus einer Arbeiterfamilie. Wenn ihr Vater betrunken war, kommandierte er Frau und Kinder herum, beschimpfte und prügelte sie. Nüchtern tat ihm das leid. Er wurde dann von seiner Frau kleingemacht und von seinen Kindern geschnitten. Sie ging von zu

Schema einer symbiotischen Beziehung: Die Abgrenzung findet nach außen statt, während mit dem Partner eine Einheit hergestellt werden soll, in der Ich und Du sich gegenseitig durchdringen. («Mit allen Menschen komme ich zurecht, nur mit dir nicht.»)

Hause fort, sobald sie volljährig war, und wurde Krankenschwester. Damals lernte sie Harald kennen. Sie wohnten nie miteinander, verbrachten aber zehn Jahre lang den größten Teil der Wochenenden und Urlaube zusammen. Immer wenn Bettina angetrunken war, fing sie an, dem Freund Vorwürfe zu machen – er liebe sie nicht, er sei so distanziert, er wolle keine Verbindlichkeit, kein Kind. Er wußte nicht viel mehr darauf zu sagen als: «Wenn du es nicht aushältst, dann mußt du eben gehen!» Sobald Bettina wieder nüchtern war, entschuldigte sie sich für ihr Aufbegehren. Sie schämte sich sehr, war wieder die Freundlichkeit selbst, immer für ihren Freund da, wenn er Zeit hatte. Er hing an ihr. Als sie einmal einen anderen Mann kennenlernte und daran dachte, sich zu trennen, setzte er durch, daß sie bei ihm blieb und dem Rivalen den Laufpaß gab. Aber einige Jahre später verließ er Bettina wegen einer anderen Frau. Sie versuchte, seine Entscheidung zu akzeptieren, konnte es aber nicht ertragen, ihn zu sehen. Sie verlor dann völlig die Fassung. Sie suchte Trost in einer neuen sexuellen Beziehung und merkte, daß ihr der Mann nichts bedeutete, als sie bereits schwanger war. Das Kind war nicht das Kind, welches sie immer gern von Harald gehabt hätte. Sie ließ es abtreiben. Ihre Depression wollte nicht aufhören. Körperliche Leiden kamen dazu. Sie wurde operiert und konnte nie mehr Kinder haben. Erst jetzt konnte sie sich vorstellen, Harald wiederzusehen, was sie über ein Jahr lang vermieden hatte. Bettina sah inzwischen deutlicher, wie sehr das Warten auf den Freund

Schematische Darstellung der Manie

mit dem Warten auf einen besseren Vater zusammenhing, das hinter der erbitterten Zurückweisung des realen Vaters steckte. Sie erkannte auch, daß sie die entsagungsvolle Beziehung zu Harald deshalb so lange ertragen hatte, weil sie hoffte, ihn durch ihre eigene Geduld und Rücksicht selbst rücksichtsvoll und geduldig zu machen, durch ihre klare Entscheidung für ihn bei ihm eine ähnliche Einstellung zu bewirken.

Wo die Beziehung auf einer so weitgehenden Verleugnung der eigenen und der Realität des Partners beruht, ist es fast unmöglich, liebevolle Gefühle über eine Veränderung der ursprünglichen Erwartungsmagie hinaus zu erhalten. Ein Partner, der sich trennen will, kündigt damit an, daß er die Erwartungsmagie nicht mehr einlösen möchte. Damit beginnt eine erbarmungslose Abrechnung, die bei Bettina dazu führte, daß sie jeden Kontakt abbrach. Sie wäre lieber gestorben, als von Harald, der ihr doch soviel schuldig geblieben war, auch nur eine Krume Zuwendung anzunehmen. Als sie dann allmählich wieder stärker geworden war und sich mit ihm traf, erschrak sie sehr, weil sie während des Treffens kalt und distanziert blieb, aber den vollen Schmerz des Verlustes spürte, sobald sich Harald verabschiedet hatte. Die Begegnung mit Harald in der Außenwelt wird überwertig, die Trennung ist unerwartet schmerzhaft («Ich will doch gar nichts mehr von ihm», sagt

Das Schema der Depression. Voraussetzung für Manie und Depression ist eine symbiotische Beziehungsform.

Bettina). Das gute innere Bild Haralds wäre ein Paß in eine freie Welt. Fehlt dieser Paß, ist Bettina in der Symbiose eingeschlossen, immer unsicher, ob Ersatz für eine nicht tausendfach durch Erwartungsmagie gesicherte Zuwendung auffindbar ist. Ein besonders aktiver Mensch mag sich behelfen, indem er von einer symbiotischen Beziehung in die nächste wechselt, wie jemand, der einen reißenden Bach überquert, indem er von Stein zu Stein springt.

Wieder und wieder begegnen wir den Versuchen, auf dem festen Boden der Anpassungsleistungen das zu finden, was nur im Fließen der Gefühle ist und sonst nirgends. Gleichzeitig macht der Kampf um diesen festen Boden die Gefühle besonders bedrohlich. Muß das strenge Über-Ich ein chaotisches, ungebärdiges Es zügeln? Oder ist das Es erst deshalb so chaotisch und bösartig geworden, weil ihm das strenge Über-Ich vorgesetzt und aufgezwungen wurde? Das bürgerliche Individuum gerät leicht in einen Teufelskreis, der den Teufelskreis der Industriegesellschaft vorwegnimmt. Das strenge Gewissen weckt Haß und Sehnsucht nach Chaos, die durch gesteigerte Strenge unter Kontrolle gebracht werden sollen. Die Ausbeutung und Vergiftung der Natur gefährdet Lebensgrundlagen, die durch gesteigerte und erneute Ausbeutung ersetzt werden sollen. Die Vögel singen nicht mehr, aber die Musik aus der Stereoanlage wird immer perfekter. Das Leben ist öde, aber die Filme sind spannend. Unfähig zu trauern, lebt die Industriegesellschaft in ihrer Manie.

Die Magie der Erwartung ist ein Versuch, durch eigene Anpassung die Grenze zum anderen zu verwischen. Er soll unterworfen werden, indem man sich selbst unterwirft. Weil vor seinen Augen ein masochistisches Schauspiel stattfindet, für das er verantwortlich gemacht und zu dem er als Zuschauer geladen wird, muß auch er anfangen, sich zu quälen. Wenn ich freundlich bleibe, obwohl ich mich ärgere, zwinge ich den anderen dazu, auch freundlich zu werden und mich nicht mehr zu ärgern. So spricht die Magie der Erwartung. Die Wirklichkeit ist oft anders. Weil der magisch Freundliche seine Enttäuschung nicht zeigt, wird er weiter enttäuscht. Weil sein Verzicht auf Ärger unglaubwürdig scheint, wird er gereizt, damit er endlich Farbe bekennt.

Lange Zeit hat Claudia dieser Magie gelebt. Als Kind fühlte sie sich oft überflüssig, plump, weniger interessant als die Geschwister, von der Mutter abgelehnt. Den Vater liebte sie sehr, aber er war wenig zu Hause, sehnsüchtige Phantasie mußte den Mangel an wirklicher Zuwendung von ihm ersetzen. Später heiratete sie einen Mann, der sehr pflichtbewußt und leistungsorientiert war. Er baute eine große Kanzlei als Anwalt auf, engagierte sich in der Kirchengemeinde und war sehr auf eine harmonische Familie bedacht. Zu seiner Vorstellung davon gehörte es, daß die Frau zu Hause bei den Kindern blieb. So gab Claudia ihren Beruf auf, den sie liebte, und zog sich von allen Beziehungen zurück, mit denen ihr Mann womöglich nicht einverstanden war. Die Magie der Erwartung wurde zerstört, als Eberhard mit vielen moralischen Skrupeln und Selbstzweifeln eine Beziehung zu einer Kollegin begann. Für Claudia brach eine Welt zusammen. Es gelang ihr nicht, mit dieser Untreue fertig zu werden. Obwohl ihr Mann beteuerte, daß er weiterhin bei ihr bleiben wolle, konnte sie keine Zuwendung mehr annehmen. Gleichzeitig kritisierte sie sich selbst wegen dieser Unfähigkeit. Sie dachte an Selbstmord und fing an zu trinken. Es war erstaunlich, wie Claudia an ihrem Mann hing, obwohl sie jede Beziehung zu ihm leugnete. Jede liebevolle Geste, jedes Geschenk von ihm vermittelten ihr nur das Gefühl eines nicht gutzumachenden Schadens. Sie haßte ihn dafür und haßte sich selbst für ihren Haß. Immer wieder berichtete sie erbittert, daß er immer noch nicht ausgezogen sei, obwohl sie es doch so wünsche und er es so genau wisse, daß er keine Aussprache begonnen habe, obwohl er doch wisse, wie sehr sie diese brauche, daß er sie nicht ins Theater oder zu einer Veranstaltung in der Gemeinde mitgenommen habe, obwohl er doch wisse, daß sie früher alles zusammen gemacht hätten. Aber sie wäre nicht mitgegangen. Es hätte keinen Sinn. Claudia hatte sich von den «bösen» Seiten Eberhards getrennt, nicht von seiner ganzen Person. Sie hatte ihn verteufelt, um nicht um ihn trauern zu müssen. Hinter dieser Verteufelung klebte sie weiterhin an den schönen Erinnerungen der gemeinsamen Vergangenheit. So konnte sie ihn zwar auf Abstand halten, sich aber nicht von ihm trennen, sich nicht in einem neuen Leben einrichten. Ein Symbol dafür war ihre Wohnung. Claudia hatte ihren Mann aus dem gemeinsamen Schlafzimmer verbannt. Sie wollte ein eigenes Zimmer. Er sah es ein, schenkte ihr sogar Möbel dafür. Aber sie konnte dieses Zimmer jahrelang nicht einrichten. Es war immer noch das gemeinsame Schlafzimmer, nur ohne Ehemann. Es war nicht ihr Zimmer.

Es mag auf den ersten Blick verfehlt erscheinen, Claudias übermäßige Anpassung an die häuslichen Forderungen mit dem Krankheitsbild der Manie zu vergleichen. Sie verhielt sich, wie man es einer depressiven Persönlichkeit zuschreibt: in ihren eigenen Ansprüchen gehemmt, bereit, Verzicht und Mühe auf sich zu nehmen, um die stets bedrohte Liebesbeziehung nicht zu verlieren. Aber wie das Sandkorn in der Perle, so steckt in jeder depressiven Überanpassung ein verborgener Größenwahn, der meist erst, ins Negative gekehrt, in den Selbstanklagen faßbar wird, mit denen sich die Betroffenen peinigen. Obwohl höchst intelligent, sind sie viel zu dumm, obwohl tugendhaft, abgrundschlecht. Sie haben alles falsch gemacht, was ja ebenso schwierig ist, wie alles richtig zu machen. Der Manische glaubt, durch seine rastlose Tätigkeit die symbiotische Harmonie und Vollkommenheit zu erreichen. Dann kann er endlich ausruhen. Der Depressive klagt sich an, weil er es nicht geschafft hat, oder versinkt in quälende Starre. Beide sind Opfer eines uneinhaltbaren gesellschaftlichen Versprechens: Leistung, Normerfüllung werden glücklich machen, und Glück wird machbar.

11 Der Normenkrieg

Was das glückliche Band der Ehe so entzückend macht, ist die Erweiterung seines Ichs, und zwar über ein Feld hinaus, das sich im einzelnen Menschen durch keine Kunst schaffen läßt. Wer sich sein eigenes Leiden klagt, klagt es sicherlich vergeblich: wer es der Frau klagt, klagt es einem Selbst, das helfen kann und schon durch die Teilnahme hilft.

Georg Christian Lichtenberg (1742–1799)*

In der Fabrik existiert ein toter Mechanismus unabhängig von ihnen (den Arbeitern), und sie werden ihm als lebendige Anhängsel einverleibt.

Karl Marx**

Unerläßlich für das Funktionieren einer Maschine ist der gemeinsame Plan, welcher die einzelnen Teile verbindet. Er verkörpert eine übergreifende Norm, der sich alles unterordnen soll. Diese beeinflußt dann das Umfeld; es müssen zum Beispiel autogerechte Straßen und autogerechte Städte gebaut

* Lichtenbergs Aphorismen, ausgew. v. A. v. Gleichen-Rußwurm, Berlin (Deutsche Bibliothek) o. J., S. 110.

** Das Kapital, Buch I, Die Fabrik.

werden. Wie rücksichtslos sich solche Maschinengesetze über alles hinwegsetzen, was ihnen nicht paßt, läßt sich heute überall beobachten, wo Landschaften oder Altstädte «erschlossen» werden.

In den modernen Zweierbeziehungen sind ähnliche Vorgänge zu beobachten. Auch hier beherrscht oft die Suche nach einer gemeinsamen Norm das Bild. In dem Bericht über Claudia und Eberhard wurde deutlich, daß diese Norm sehr stark durch die Vorstellungen des Ehemanns von einer harmonischen, christlichen Familie bestimmt war. Claudia paßte sich an das an, was Eberhard vorgab. Später mußte er es sich allerdings gefallen lassen, daß die von ihm geschaffene Norm wie ein Alpdruck auf ihm lastete und sich gegen ihn richtete.

Wenn Normerfüllung zum wichtigsten Inhalt des Lebens wird, gleichzeitig aber die gesellschaftliche Norm der individuellen, glücklichen Liebesbeziehung vorgegeben ist, gerät die emotionale Basis der Liebe in Gefahr. Normen greifen in die Intimsphäre hinein und verhindern, daß sie ihre Aufgabe der Regression, der Erholung und Entspannung erfüllen kann. Oft ist die Sexualität das einzige Gebiet, in dem man sich noch gehenlassen kann. Aber auch hier sind die Normensteller bereits am Werk, wie Trapper, die auf der Jagd nach Pelzen in die letzten unberührten Wälder vordringen.

Ich will jetzt eine Situation beschreiben, die mit dieser Suche nach einer gemeinsamen Norm zusammenhängt. Ihre Grundstruktur entsteht dadurch, daß zwei Menschen zusammenleben, die beide unter einem sehr starken Normendruck stehen. Da dieser Druck nur erlitten, nicht bekämpft werden kann, solange er ausschließlich im Inneren wirkt (als Gegensatz zwischen einem strengen Über-Ich und einem nach Erlösung hungernden Ich, das dennoch die vom Es angebotenen Fluchtmöglichkeiten nicht annehmen kann*), wird er nach außen verlegt.

* Ich bin mir der Verdinglichungsgefahr bewußt, die bei der Verwen-

Es entsteht eine Situation, in der immer wieder Kämpfe auftreten, die den Partner zum Gegenstand normierender Veränderungsversuche machen. Wer diesen Kampf betrachtet, gewinnt den Eindruck, daß der Partner für alles eigene Elend verantwortlich gemacht wird. Er soll stark und vollkommen sein. Er darf keine Schwächen haben, zumindest nicht da, wo man sie nicht brauchen kann. Vor allem soll er ermöglichen, was man allein nicht zu erreichen glaubt. Er soll geben, was fehlt. Der Zusammenhang dieser Situation mit der Erwartungsmagie ist nicht schwer aufzufinden. Wenn ich mich anstrenge, es richtig zu machen, muß doch zwangsläufig der Partner sich ebenfalls anstrengen! Oft sind diese Beziehungen stabil, solange eine schwierige äußere Situation bewältigt werden muß und sich die Unfähigkeit zur gemeinsamen Schwäche, zu Erholung und Regression dadurch beiseite schieben läßt, daß man es sich in Zukunft, wenn das Geschäft steht, die Praxis funktioniert, das Haus gebaut ist, schon gutgehen lassen wird. Aber sobald diese Aufbauphase vorbei ist und die wechselseitige Nähe ausgekostet werden könnte, beginnt der Kampf. Jeder weiß auf einmal, wer schuld daran ist, daß es zu keinem Frieden, keiner Entspannung kommt. Man denkt an den Spruch: «Genieße den Krieg, der Friede wird fürchterlich.» Ein literarisches Beispiel dafür ist Edward Albees Theaterstück: ‹*Wer hat Angst vor Virginia Woolf?*›.

Eine lustfeindliches Über-Ich verhindert, daß Erholung geplant werden darf. Sie ist allenfalls wie eine Trotzreaktion möglich, als Entladung gestauter regressiver Bedürfnisse. Die Vorwürfe kreisen um den Punkt, daß der andere «nie da ist, wenn man ihn braucht». Genauere Untersuchung der betreffenden Szenen zeigt regelmäßig, daß eine überlegte Abstimmung von Erholung und Freizeit nicht stattfindet. Gleichzeitig richten

dung dieser metapsychologischen Begriffe entsteht. Vgl. R. Schafer, Eine neue Sprache für die Psychoanalyse, Stuttgart (Klett) 1982.

sich hohe, unausgesprochene Erwartungen gerade auf diesen Bereich. Jeder der Beteiligten stöhnt ständig über seine Arbeitsüberlastung, seine schlaflosen Nächte. Jeder hält dem anderen vor, daß er wirklich zuviel tue, nicht nein sagen könne, sich um jeden Dreck mehr kümmere als um Ehefrau/mann. Aber die Quelle für die Regressionsfeindschaft wird nicht in der eigenen Person gesehen, sondern immer im Partner.

Ulrike und Claus haben einen Sohn und arbeiten zusammen als Leiter der Filiale einer Handelskette, wobei Ulrike eine Halbtagsstelle als Sekretärin ihres Ehemanns hat und in der restlichen Zeit Haushalt und Kind versorgt. Claus ist sehr ehrgeizig und treibt sich mit immer neuen Projekten, mit Plänen über einen Ortswechsel, die Übernahme einer anderen, größeren Filiale, einen Berufswechsel aus seinen gelegentlichen Depressionen heraus. Ulrike kümmert sich um die gemeinsamen Bekannten, den großen Garten. Claus ist etwas schwerfällig und schweigsam, er handelt lieber, als zu reden. Beide streiten sich fast jeden Tag heftig und lautstark. Zu Beginn der Therapie droht Ulrike offen mit Trennung, während Claus eher abwiegelt und vorgibt, Ulrike nicht ernst zu nehmen. Später ist er es, der im stillen überlegt, nach Australien auszuwandern oder sich scheiden zu lassen. Nach und nach ergibt sich hinter der Fassade des erbitterten Streits um alle kleinen und großen Dinge das Bild zweier einsamer Menschen, die sich beide sehr umeinander kümmern und sehr nach Lob hungern, aber fast immer das Gegenteil erhalten. Es gibt keine klaren Zuständigkeiten, jeder ist für alles verantwortlich, redet dem anderen in alles hinein. Ulrike kümmert sich um die Termine von Claus, und Claus um ihre Kleider, die Kindererziehung, das Essen. Er will, daß sie immer für ihn da ist, hat aber so viel Arbeit – macht sie sich, sagt Ulrike –, daß er kaum Zeit hat, mit ihr zu sprechen. Wenn sie ihn fragt, ob er am Wochenende etwas vorhat, verneint er es. Wenn sie dann selbst etwas unternimmt, ist es ihm nicht recht. Die Wochenenden sollten doch der Familie gehören! Dann nimmt er die Autoschlüssel weg. Sie fährt mit dem Duplikat, das sie sich unter der Woche machen ließ, weil sie genau weiß, daß er die Schlüssel nicht herausrückt, sobald sie am Wochenende wegfahren will. «Nichts darf ich», klagt sie und weint, während er mürrisch in der Gruppe sitzt und nur gelegentlich behauptet, daß sie übertreibt.

Das gemeinsame Problem von Claus und Ulrike ist ihr eingeengter Ich-Bereich, der von einem strengen Über-Ich und angestauten Wünschen bedroht wird, die sich wegen dieser Strenge nicht entfalten können. Eine wichtige Rolle spielen aggressive Bedürfnisse, die durch die ständige Wunschunterdrückung entstehen. Da dieser Kampf nicht innerlich geführt werden kann, weil kein kritischer Abstand zu dem strengen Über-Ich möglich ist, wird er nach außen verlegt. Der Partner wird dann für Versagungen verantwortlich gemacht, die tatsächlich in der Strenge des eigenen Gewissens wurzeln. Das hat mit der Angst vor Nähe insofern zu tun, als der sich nähernde Partner angegriffen und abgelehnt wird, während sich sehnsüchtige Hoffnungen auf ihn richten, sobald er sich entfernt. Er ist wie ein janusköpfiger Gott. Das Gesicht, das er bei seiner Annäherung zeigt, unterscheidet sich von dem, das er zeigt, wenn er sich entfernt. Das eine ist schrecklich, das andere lieblich. Doch erkennt man es nur, wenn er bereits den Rücken zugewandt hat.

Claus und Ulrike versuchen beide, mit ihrem bösen Über-Ich fertig zu werden, das unbarmherzige Leistungsforderungen stellt. Sie stärken vermeintlich ihr Ich, indem sie ihr Über-Ich nicht mehr wahrnehmen, sondern den Partner bekämpfen. Dadurch wird ihr innerer, konfliktfreier Bereich scheinbar erweitert, aber sie sind an die unbefriedigenden Seiten des Partners gekettet wie Sklaven an die Ruderbank der Galeere. Die unbefriedigenden Seiten des Partners müssen immer wieder beachtet werden. Sie sind es, die sein Gesicht zu einer schrecklichen Maske verzerren, wenn er sich nähert.

Dieser Zusammenhang läßt sich an einer Szene verdeutlichen, die ebenso weit verbreitet ist wie die Näheangst. Es geht um den Kreisprozeß in einer Beziehung, der sich auf diese Formel bringen läßt: «Weil du nicht mit mir redest, kann ich nicht mit dir schlafen.» – «Weil du nicht mit mir schläfst, kann ich nicht mit dir reden!» In den meisten Fällen kommt Aussage A von der Frau, Aussage B von dem Mann. Während es früher eine gemeinsame (patriarchalische) Norm für Männer und Frauen gab, müssen sich heute vor allem die Paare der bürgerlichen Mittelschicht über diese Norm individuell einigen. Das überfordert viele von ihnen. Der Über-Ich-Kampf ist ein Ausdruck dieser Suche nach einer gemeinsamen Norm im Wirrwar einer Gesellschaft, der es nicht gelingt, die Widersprüche zwischen Leistungs- und Genußansprüchen zu versöhnen. Wenn Claus an Ulrike herumnörgelt, daß die Kinder nicht ordentlich genug angezogen sind und die Haustür nicht geputzt ist, weil er selber so unter Leistungsdruck steht und sich verbietet, sich von diesem Druck zu distanzieren, dann «übertreibt» er ein gesellschaftlich sehr angesehenes Verhaltensmuster ein bißchen. Er findet das auch nicht weiter schlimm. Wenn ein Mann so viel Arbeit hat, kann er doch etwas ungeduldig sein, nicht wahr? Gleichzeitig steht Ulrike nicht weniger im Leistungsstress als er. Wäre sie faul und gleichgültig, sein Nörgeln würde an ihr abprallen. So aber rechnet sie ihm erbittert vor, wieviel sie zu tun hat und wie wenig er sich um die Familie kümmert. Wenn Claus endlich einmal das Gefühl hat, genug geschafft zu haben, und mit Ulrike ein wenig schmusen will, dann sieht sie nicht einen abgearbeiteten, liebebedürftigen Mann, sondern einen gehetzten Nörgler, der jetzt darangeht, seine sexuellen Gelüste an ihr zu befriedigen. Da kommt ihr alles hoch, was er ihr in den letzten Tagen, Monaten, Jahren angetan hat. Und Claus kann das nicht verstehen. Schließlich hat er es nicht so gemeint. Weil er sich seine eigene Verletzlichkeit nicht eingestehen darf, kann er auch Ulrikes Verletzlichkeit nicht wahrnehmen. Er wertet sie ab, sagt kalt, sie solle sich nicht so anstellen, nicht die alten Geschichten wieder aufwärmen. Und schon ist die Zärtlichkeit verdorben, nach der sich beide gesehnt haben.

Die wechselseitige Über-Ich-Projektion und der Normenkampf sind ein Versuch, den Gegensatz von Anpassung und Liebe in der Industriegesellschaft mit Begriffen der psychoanalytischen Metapsychologie zu beschreiben. Ich habe auf die Gefahr dieser Begriffe bereits hingewiesen. Sinnvoll werden sie nur, solange sie eng an konkreten Situationen und Handlungen lebender Personen orientiert sind. Vor allem scheint es mir sehr wesentlich, in dem Kampf zwischen Claus und Ulrike, den sie entweder schamvoll verstecken oder wiederum als untilgbare Schmach dem schuldigen Partner vorwerfen, keine persönliche

Krankheit zu sehen, sondern eher den übermäßigen Gehorsam gegenüber Werten, welche die Gesellschaft fordert. Höflichkeit, Rücksicht und liebevoller Umgang gelten schließlich überall nur begrenzt, zwischen Polizisten und Demonstranten ebenso wie zwischen Abgeordneten und ihrer Basis, Vermietern und Mietern oder Führungskräften und Arbeitnehmern. Weshalb sollen sie in einer intimen Beziehung gelten, wo man doch im Recht ist, weil man sich soviel Mühe gibt, es richtig zu machen? Die öffentlichen Umgangsformen müssen um so heftiger und zerstörerischer in die Intimsphäre hineinwirken, je mehr die Anpassung an die öffentliche Leistungsethik von den handelnden Personen in ihr Privatleben mitgenommen wird. Daher kann man erbitterte Normenkämpfe gerade bei den Berufsgruppen beobachten, welche die Bewältigung solcher Probleme des Intimlebens als berufliche Leistung anbieten, zum Beispiel bei Ärzten, Lehrern, Sozialarbeitern, Psychologen und Psychotherapeuten.

Volker und Judith sind beide evangelische Theologen, die eine Zusatzausbildung als Eheberater absolvieren und deshalb auch eine Partnertherapie mitmachen. Sie verwickeln sich in einen erbitterten Kampf, der durch eine scheinbare Belanglosigkeit entstanden ist. Volker gesteht in einem langen Gespräch mit vielen Schuldgefühlen und Ängsten, daß er mit der Frau eines gemeinsamen Freundes geschlafen hat. «Dann kann ich es dir ja auch sagen», meint Judith. Sie hat mit dem Freund geschlafen, und zwar schon vor Volker und ohne es ihm mitzuteilen. An diesen «Kleinigkeiten» (Judith) hängt Volker sein Gefühl eines vollständigen, nie wiedergutzumachenden Vertrauensbruchs auf, über den er sich mit Judith in endlosen Ketten gegenseitiger Vorwürfe auseinandersetzt. Volker fängt eine ganze Reihe sexueller Abenteuer an und erzählt Judith nichts mehr von ihnen, wie um ungeschehen zu machen, was sie getan hat. Dennoch plagen ihn Eifersuchtsphantasien in schlaflosen Nächten. Immer wieder beschäftigt er sich damit, ob er ein Recht dazu hat, so eifersüchtig zu sein, und versucht dieses Recht in Judiths mangelnder Offenheit zu begründen. Dann wieder erkennt er, daß er damit nur seine Kränkung rechtfertigen will. Schrittweise, immer wieder von Rückfällen geplagt, ringt er sich zu mehr Geduld mit sich selbst durch und erkennt, daß sich Eifersucht und Verlassenheitsangst nicht durch Recht und Gesetz aus einem Menschen ausmerzen lassen – etwa nach dem Motto Auge um Auge, Zahn um Zahn, Seitensprung um Seitensprung. Diese gesetzgeberische Aktivität ist für Normenkampfbeziehungen kennzeichnend. In ihnen scheint es fast unmöglich, daß der eine Partner etwas tut oder unterläßt, ohne sich auf den anderen zu beziehen. Ob er sich betrinkt, sich neue Kleider kauft, mit anderen Personen sexuelle Beziehungen anfängt oder eine Therapie mitmacht, immer spielt es in seinem Denken und Fühlen eine ganz wichtige Rolle, ob der Partner das ebenfalls tut, ob er es unterläßt, und vor allem, wie das zu bewerten ist.

Formen des Harmoniestrebens

Die Sehnsucht nach einem harmonischen Idealzustand ist ein Wunschtraum der progressiven Leistungswelt, den die intime Beziehung zu erfüllen verspricht. Aber weil die Wärme mit eben den progressiven Mitteln, aus deren kalter Herrschaft die Partner fliehen, zuverlässig gemacht und kontrolliert werden soll, mißlingt die Erholung, scheitert die Ruhe. Der Normenkampf treibt seine Opfer wieder zurück in die Leistungswelt wie Steine, die von der Wasseroberfläche abprallen. Heinz Kohut hat die Phantasien über einen harmonischen Idealzustand untersucht und vermutet, daß sie mit dem Wunsch nach einer Wiederherstellung der omnipotenten Mutter-Kind-Einheit zusammenhängen.* Es gibt viel, was für diese Deutung spricht. Aber es scheint mir kurzsichtig, bei der Betrachtung einer Flucht nur zu verfolgen, wohin geflohen wird, und nicht zu untersuchen wovor.

Daher sollen jetzt die Formen des symbiotischen Harmoniestrebens vor dem Hintergrund der gesellschaftlichen Entwicklung überprüft werden. Bei der «idealisierenden» Form sucht

* H. Kohut, Narzißmus, Frankfurt (Suhrkamp) 1973.

sich der Betroffene ein großartiges Gegenüber, mit dem er verschmelzen kann. Beide sind dann eines, wie in der allmächtigen Einheit von Mutter und Kind. Die Verwandtschaft mit Manie und Depression ist deutlich. Bei der «Zwillings»- oder «Spiegel»-Form hingegen sucht sich der Betroffene einen Partner, der so ist wie er selbst, oder so, wie er idealerweise gern sein würde. Allerdings lassen sich die unterschiedlichen Qualitäten dieser Beziehungsformen nur anhand ihrer Störungen deutlich voneinander abgrenzen. Im «Normalzustand» fallen Widerspiegelung und Idealisierung zusammen.

Der Kampf zwischen Triebbefriedigung und Narzißmus (der in Freuds früher Triebtheorie als Widerspruch zwischen Sexual- und Ich«trieben» eine Rolle spielte) gehört in späte Stadien der gesellschaftlichen Entwicklung. «Erst kommt das Fressen, dann die Moral», wie Bert Brecht sagt. In der Näheangst ist es nicht die Furcht vor einem übermächtigen Sexualtrieb, welche die modernen Eremiten zum Rückzug in ihre Hochhauswohnungen treibt wie einst die Einsiedler in die Höhlen der Thebais. Es ist eher die Angst, den Ansprüchen einer Partnerschaft nicht gewachsen zu sein, die nach dem Modell der narzißtischen Angleichung aufgefaßt wird: Gefühls-Leistung gegen Gefühls-Leistung.

	Triebqualität (Freud)	Narzissmus (Kohut)
Bürgertum	*Anlehnungstyp* Suche nach einem ‹nährenden› Partner, nach Befriedigung von sexuellen und anderen Bedürfnissen	*Idealisierende Beziehung* Suche nach einem großartigen, vollkommenen Partner, mit dem eine harmonische Verschmelzung möglich ist

	Triebqualität (Freud)	Narzissmus (Kohut)
Industrie-gesell-schaft	*Narzißtischer Typ* Suche nach einem Partner, der so ist, wie man selbst gern wäre. Befriedigung von Geltungs- und Bildungs- («Selbstverwirklichungs-»)Bedürfnissen in der Partnerschaft	*Spiegel-Beziehung* Suche nach einem Partner, der «genau gleich» ist, einem Zwilling, mit dem völlige Übereinstimmung und endgültige Überwindung der Einsamkeit erreicht werden sollen

Vier psychoanalytische Beziehungsmodelle

Von diesen vier Beziehungstypen ist die «Anlehnung» sicherlich die älteste. Sie kommt den gefühls- und triebbestimmten Verhaltensformen ursprünglicher Gesellschaften am nächsten. Hunger und Liebe zu befriedigen, sind die vornehmsten Aufgaben des Partners. Das Leben ist gefährlich, Durchsetzung in der natürlichen Umwelt bleibt die wichtigste Aufgabe im Leben des Individuums. Die in den frühen Gesellschaften auch öffentlich vorherrschenden Gefühlsbindungen wurden im «Prozeß der Zivilisation» (N. Elias) mehr und mehr in einen intimen Bereich zurückgedrängt. Die bürgerliche Ehe enthält ursprünglich noch die wirtschaftliche Abhängigkeit der Partner. Anlehnung an den Mann, Idealisierung seiner Person gehören zu den «typisch weiblichen» Verhaltensmustern. Aber dieses feudale Verhältnis, diese Leibeigenschaft in der Intimsphäre bei gleichzeitig erkämpfter Auflösung der Leibeigenschaft in der Öffentlichkeit kann keine stabile Situation schaffen. Die bürgerliche Emanzipation kann vor der Intimsphäre nicht haltmachen. Sie muß auch die Frauen in die industrielle Produktion und in den Warenkonsum einbeziehen. Die Folge läßt sich in den Beziehungsformen vom narzißtischen Typ und vom Spiegel- oder Zwillingstyp erkennen.

Freud hat bezeichnenderweise die narzißtische Objektwahl vor allem als Entscheidung einer Frau beschrieben, sich in einen Mann zu verlieben, der so ist, wie sie selbst gern geworden wäre. Die psychologischen Folgen einer Erosion der bürgerlich-patriarchalischen Familien- und Beziehungsformen werden faßbar. Die Intimsphäre, die noch eine Zeitlang Schutz vor den herrschenden Leistungs- und Warenzwängen bot, wird nun selbst der Ort von Leistung, Konkurrenz, von immer wechselnden Anforderungen. Männer und Frauen geraten als «Typen» unter den Einfluß der Mode, das heißt, sie werden als ganze Personen von Warenverhältnissen erfaßt. Daher ist heute im Verhalten der Geschlechter auch (fast) alles möglich geworden, solange es «sich verkauft». Die Spiegel- oder Zwillingsbeziehung ist die Konsequenz einer Entwicklung, in der es keine verbindlichen Männer- und Frauenrollen mehr gibt, sondern jedes Paar das wechselseitige Verständnis aushandeln muß. Allein gelassen, bleibt ihnen als Richtlinie vor allem die Angleichung. Wenn jeder der Zwilling des anderen ist, weiß man, was man aneinander hat. Da diese Angleichung sehr schwierig ist und niemals vollkommen gelingt, ist es aber oft schlüssig, allein zu bleiben, zumindest nachdem man einige Beziehungen «nicht geschafft» hat. (Vgl. die Untersuchung des Buches von Svende Merian ‹*Der Tod des Märchenprinzen*› im Anhang.)

12 Verleugnung und Lüge

L'amour est un oiseau rebelle

Carmen *

Dem antiken Gott Zeus, der sonst alle Meineidigen mit seinem Donnerkeil traf, wurde nachgesagt, daß er die falschen Schwüre der Liebenden verzieh. Die bürgerlichen Schriftsteller und die Beziehungs-Experten der humanistischen Psychologie sind weniger großzügig. Offenheit, Echtheit gehören zu den scheinbar unentbehrlichen Ausrüstungsbestandteilen der intimen Beziehung. Im Geschäftsleben ist es durchaus üblich, daß man mit der Wahrheit hinterm Berg hält. In der Werbung, die bis in die kleinsten Zwischenräume des zivilisierten Lebens eindringt, gehört die Lüge zum System: Zigarettenraucher sind durchweg jung, dynamisch und abenteuerlustig, niemals von Raucherbein oder Lungenkrebs geplagt. Die Intimsphäre soll einen Gegenraum schaffen, in dem man sicher sein kann. Sicher ist, wer vom Partner alles weiß.

Ähnlich wie bei den psychoanalytischen Beziehungstypen lassen sich auch in den meist nebeneinander beschriebenen Abwehrmechanismen historische Entwicklungen nachweisen. Eine solche Linie führt von der Verdrängung zur Verleugnung. Die Verdrängung ist der geschichtlich frühere Mechanismus. Bei ihr verschwinden Inhalte aus dem Bewußtsein (oder erreichen es nie), die sich nur in Fehlleistungen verraten oder durch Einfalls- und Deutungsarbeit erschlossen werden können. Die verdrängten Vorstellungen und Wünsche sind dem Betroffenen

* Die Liebe ist ein rebellischer Vogel ... Habanera aus I, 5, Carmen. Libretto nach der Novelle von Prosper Mérimée von Henri Meilhac und Ludovic Halévy; Musik: G. Bizet.

so fremd wie das Erleben eines anderen Menschen. Seine Lebensgeschichte hat Lücken, wie von der Zensur ausgelöschte Textstellen.

Eine Frau verliebt sich in einen «verbotenen» Mann, etwa den Partner ihrer Schwester. Sie weiß nichts davon, vielleicht auch deshalb, weil dieser Wunschtraum alte Phantasien wiederbelebt, der Mutter den Vater abspenstig zu machen. Plötzlich stirbt die Schwester. Der insgeheim Geliebte wäre frei. Nun erkrankt die Frau an einer Lähmung, für die sich keine körperliche Ursache entdecken läßt. Der Arzt nennt die Lähmung «hysterisch», wie er es bei solchen Erscheinungen junger Frauen gewöhnt ist, und schickt sie zu einem Spezialisten, der eine merkwürdige *talking cure* mit solchen Patientinnen macht, die er später Psychoanalyse nennen wird.

Weil er ihr geduldig zuhört und sich für alles interessiert, was ihr einfällt, kommt die gelähmte Frau endlich auch auf den Tod ihrer Schwester zu sprechen. Wie schrecklich, eine so junge Frau! Und ihr Mann, ihr Schwager, erträgt es bewunderungswürdig. Überhaupt ein fesselnder Mann. Er hat schon immer den Frauen den Kopf verdreht.

Wenn die Verdrängung bewußt gemacht wird, entfaltet dieser Vorgang Wirkungen. Die Lücke im Erleben wird geschlossen, die Person kann zu dem verdrängten Inhalt Stellung nehmen und durch ihr bewußtes Urteil einen Verzicht leisten, den die Verdrängung auf Umwegen erzwungen hat. Zur Verdrängung gehört die Vorstellung eines Organismus, der sich entwickelt und stärker wird, der mit dem gereiften Bewußtsein des Erwachsenen Schwierigkeiten bewältigt, die das Kind nicht verarbeiten konnte und deshalb verdrängen mußte.

Anders die Verleugnung. Sie ist leichter zu durchschauen, aber schwerer aufzulösen als die Verdrängung. Der unerwünschte Vorstellungsinhalt wird nicht ausgelöscht, sondern erst erkannt und dann bestritten. Die Verleugnung hilft, mit Widersprüchen zu leben, die man nicht mehr verdrängen kann.

Sie stellt Leistungen des bewußten Ich in ihren Dienst, die geeignet wären, Verdrängungen zu beseitigen. Es ist wie mit der Unterdrückung unbequemer Wahrheiten. Die urtümliche, einer Zeit der harten Körperstrafe und der Erziehung durch äußeren Druck entsprechende Gegenmaßnahme ist es, jede Berührung mit der abtrünnigen Lehre zu verhindern. Ketzer und Hexen werden verbrannt, Bücher verboten. Die spätere Umgangsform ist es, nicht mehr durch äußere Strafe, sondern durch den Appell an die innere Stimme des Gewissens Einfluß zu nehmen. Wer sich ihr fügt, erhält materielle und narzißtische Belohnungen. Er ist ein gewissenhafter, guter, tüchtiger Mensch. Er besitzt das «eigentlich Menschliche» – das gemachte Gewissen, welches seine gewachsene Natur überformt.

Die Verleugnung gehört zur Industriegesellschaft. Sie ist in ihr so unentbehrlich wie das Salz in der Suppe oder der Tranquilizer im modernen Büro. Die Verleugnung ermöglicht es, genau zu wissen, daß die Folgen des eigenen Handelns gefährlich, möglicherweise tödlich sind – und es doch zu tun. Man muß hier nicht nur an die Bomberpiloten denken, die durch Knopfdruck oder Hebelzug in wenigen Stunden mehr Menschen bei lebendigem Leib verbrannt haben als die Henker der heiligen Inquisition in vielen Jahrhunderten. Sie sind nur ein Teil des Eisbergs, in dem wir alle festgefroren sind. Der Autofahrer muß verleugnen, daß er in der nächsten Minute in einem Hagel von Glassplittern zerquetscht werden kann, der Flugzeugpassagier muß verleugnen, daß seine Maschine jederzeit abstürzen kann; der Arzt muß Ekel und Angst verleugnen, wenn er in das Fleisch seiner Patienten schneidet, der Psychotherapeut seine Langeweile, wenn er die zweihundertste Stunde einem klagenden Kranken zuhört. Der Politiker muß verleugnen, daß er sich fast nur noch an Meinungsumfragen orientiert und im übrigen jedes der Ideale, die er öffentlich vertritt, persönlich mißachtet. Der Journalist muß verleugnen, daß er beim Verfassen seiner Artikel an die Anzeigenkunden und den Rundfunkrat denkt, und der Aufsichtsratsvorsitzende des Automobilwerks muß verleugnen, daß ihm das Waldsterben herzlich gleichgültig ist, sobald die Gegenmaßnahmen seinen Umsatz auch nur im geringsten tangieren.

Noch verschärft wird der Verleugnungsdruck durch die widersprüchliche Entwicklung der Industriegesellschaft von der frühbürgerlichen Orientierung an Sparsamkeit, Bedürfnisaufschub und Leistung zur Konsumideologie der Gegenwart. Diese unterwirft gerade den Gefühlsbereich, der früher nicht «zählte» (wie wilde Tiere wurden die unerwünschten Emotionen durch Verdrängung ausgerottet), einer Erweiterung des Leistungsprinzips. Sofort kaufen und später zahlen wird zu einer gesellschaftlich geförderten Einstellung, nicht zufällig im Schatten einer Atomrüstung, die den Gedanken nahelegt, man werde das «Später» vielleicht gar nicht erleben. Die vormals durch Verdrängung gezügelte und geordnete emotionale Welt wird durch neue Formen der Leistung (im Sinne des Sich-Leistens) erobert. Parallel dazu wird das Gefühlsleben auch für die Wissenschaft interessant, gerade in seinen Nachtseiten. Die Psychoanalyse ist ein Schrittmacher dieser Entwicklung.

Damit dient die Verleugnung nicht mehr nur dazu, Verdrängtes wieder einzuholen und unschädlich zu machen, das sich am Zensor vorbei ins Bewußtsein stiehlt. («Ich und meinen Schwager heiraten – was für eine absurde Idee! Daran habe ich bestimmt nie gedacht! Und wenn schon, er hat sich ja gar nicht für mich interessiert. Ich bin einfach nicht sein Typ. Auf was für Gedanken diese modernen Ärzte kommen! Ist ja alles Spekulation, keine ernsthafte Wissenschaft.») Die Verleugnung muß die Widersprüche verarbeiten, mit denen die Leistungs-Konsum-Welt den einzelnen konfrontiert. Ein anschauliches Beispiel ist auch hier wieder die Sucht: Fast jeder Süchtige verleugnet seine Sucht so lange, wie es nur eben geht.

Beate strickt ihrem Freund einen Pullover, obwohl sie sich

erinnert, daß er sich ausdrücklich gegen Frauen ausgesprochen hat, die ihn auf diese Weise umgarnen. Die Verleugnung ermöglicht das Schwanken zwischen Begehren und Ablehnung, das so viele von Näheangst bestimmte Beziehungen aufweisen. «Erst wollte ich, und er/sie nicht; jetzt will er/sie, und ich nicht.» Solange der Partner fortgeht, Grenzen zieht, von Hindernissen umgeben ist oder selbst Hindernisse aufrichtet, werden seine begehrenswerten Seiten wahrgenommen und seine unerwünschten Seiten verleugnet. Wie kann es sein, daß jemand, der *manchmal* so bezaubernd, so sensibel, so interessant, so sexuell anziehend sein kann, das nicht *immer* ist? Die Verleugnung ist die Grundlage des Begehrens, das Begehren treibt in den Abstand. Der Gegenstand solcher Wünsche spürt, daß er seinen Reiz verlieren würde, ließe er sich auf den Alltag ein. «Das halte ich nicht aus», sagt er sich und ergreift die Flucht.

Die Verleugnungen im Zusammenhang mit der Näheangst betreffen die Schwächen der Beteiligten. Hier ist auch die Parallele zu den Verleugnungen der Industriegesellschaft zu suchen. Es darf keine Schwäche geben, keine Angst, keine Trauer, keinen Verzicht auf ein einmal erreichtes Stadium der Perfektion, ob es sich nun um Automobile, um Kosmetik, um Wohnkomfort oder um Intensivmedizin handelt. Die Männer und Frauen, die immer wieder zum Gegenstand sehnsüchtigen Begehrens werden, gleichen Kurzstreckenläufern, die nur im Augenblick des Sprints, der höchsten Leistung, sichtbar sind und sich sofort danach unsichtbar machen müssen. So denken die Zuschauer, sie könnten immer so schnell laufen, wenn sie nur sichtbar bleiben wollten.*

Die Verleugnung von Schwäche führt dazu, daß jeder Single es sich nur alleine schlechtgehen lassen will. Da kann er sich sein Leid eingestehen. Der «intime» Partner ist bereits so öffentlich,

* Manchem Leser ist vielleicht aufgefallen, daß die Kurzstrecken-Vollkommenheit auch ihre beruflichen Seiten hat. Die «Übertragungsliebe» hängt mit ihr zusammen, die den «neuen» Helfern so oft zuteil wird.

so sehr Teilhaber der herrschenden Verleugnungszwänge, daß seine Gegenwart eine Zumutung ist, eine Anstrengung, der man sich vielleicht einen Abend in der Woche stellen kann, keinesfalls aber öfter. Wie die Männer und Frauen, die hinter diesen Distanzkünstlern herjagen, ihre eigene Wahrnehmung verleugnen (daß nämlich ihre Wünsche nicht erwidert werden und unerfüllt bleiben), so verleugnen die scheinbar Starken, Begehrenswerten ihre eigene Verletzlichkeit, ihre Angst vor Abhängigkeit und vor Schwäche. «Der Starke ist am mächtigsten allein», sagt Schillers Freiheitskämpfer Wilhelm Tell. Nur wer allein ist, kann die Fiktion der Stärke immer aufrechterhalten. Ein Stachanow-Arbeiter der späten Industriegesellschaft, erfüllt er sein Übersoll auch in der Intimsphäre. Viele von ihren Eltern enttäuschte Männer und Frauen suchen in ihm die ideale Mutter, den idealen Vater, ohne zu erkennen, daß die Illusion der Vollkommenheit durch eben den Abstand erkauft ist, unter dem sie bitter leiden.

«Ich habe eine Schwäche für sie», heißt es, wenn wir über die unwägbare Qualität von Gefühlsbeziehungen sprechen. Heute haben Männer und Frauen oft nur noch Stärken füreinander, fordern sie voneinander und sind unglücklich dabei. Der Sicherheitsabstand bedeutet dann ein dauerndes kleines Unglück, das dem drohenden großen (Un-)Glück vorgezogen wird. «Wir müssen wieder lernen, Gefühle zuzulassen, sie nicht als Schwäche anzusehen.» Solche Binsenweisheiten haben ihre Fußangeln und Widerhaken. Stellen sie wirklich unser grandios und zerstörerisch ausgeweitetes Leistungsprinzip in Frage, das sich auch in die Intimsphären hinein verbreitet? Oder wird der oft zu beobachtende Zwang zur Schwäche, dieser Leistungsdruck im Gefühlszulassen, gerade ein Audruck davon, wie sich der Bock zum Gärtner macht?

In einem Buch über «Helfen als Beruf. Die Ware Nächstenliebe». Reinbek (Rowohlt) 1983 habe ich dieses Thema untersucht.

Es gibt Fälle, in denen die Fähigkeit zur Verleugnung weit überfordert wird. Ich habe oft verfolgt, wie Menschen mehr unter ihrer medizinischen Diagnose leiden als unter ihrer Krankheit. Wir wissen zu viele Dinge. Unsere emotionale Verarbeitungsfähigkeit ist auf das Leben der Jäger- und Sammler-Kultur eingestellt, in der es nicht möglich ist, lange vorauszuplanen. Wenn es heute die technischen Mittel ermöglicht haben, unheilbare Leiden lange vor dem Zeitpunkt zu erkennen, zu dem sie sich im Körper unabweisbar bemerkbar machen, dann wird dem Kranken eine ungeheure Verleugnungsleistung aufgebürdet. Er soll so leben, als ob nichts wäre, weil ja «nichts ist». Der Arzt kann ihm die Diagnose verschweigen; dann trägt er die Last der Verleugnung allein.

In den intimen Beziehungen entsteht nicht selten eine vergleichbare Situation. Die Partner quälen sich mit Informationen und Fragen, die sie nicht ohne starke Verleugnungsmechanismen verarbeiten können. Sie verlangen von sich, nicht eifersüchtig zu sein, weil sie ja schließlich selbst ebenfalls Freiheit in der Beziehung beanspruchen. Sie plagen sich mit Sexualpraktiken, die sie mit zusammengebissenen Zähnen durchstehen, weil sie überzeugt sind, für moderne Liebende sei das angezeigt und notwendig. Die Intimnorm erzwingt die Verleugnung der wirklichen, intimen Gefühle.

Durch den Import von leistungsorientierten Normen in die Intimsphäre wachsen die Ansprüche an emotionale Perfektion. Beziehungen, die *nicht* «richtig», *nicht* «wirklich ernsthaft», *nicht* «wirklich gut» sind, haben einen schätzbaren Vorteil: sie sind möglich. Oft kann sich keiner der Beteiligten seiner augenblicklichen Bedürftigkeit so überlassen, daß er *vergißt*, sich nun zu fragen, ob er diesen Partner «wirklich liebt». Vor der Frage nach der «wirklichen Liebe» weicht die Liebe wie der Teufel vor dem Weihwasser.

Zur Kolonisation der Wünsche, die in der Konsumgesellschaft unter dem Deckmantel einer Aufklärung über das Gefühlsleben betrieben wird, gehört auch die inquisitorische Wahrheitssuche, mit der die Beziehungskisten bis zum Überquellen mit Sprechblasen gefüllt werden. Es ist schon fast selbstverständlich geworden, daß man über alles reden muß, völlig unabhängig davon, ob man Lust dazu hat oder nicht. Ich will abschließend die Verleugnungsmechanismen an einem erfahrungsgemäß besonders heißen Thema in den Beziehungsdebatten untersuchen: der Lüge. In früheren Epochen wurde die Lüge in der Liebe mehr oder weniger augenzwinkernd als durchaus entschuldbar, harmlos, ja sogar unentbehrlich hingestellt. Heute ist sie in vielen Beziehungsvorstellungen das schlimmste Verbrechen überhaupt. Schon Kinder sollen – wenn sie schon stehlen, naschen, Schule schwänzen – wenigstens nicht lügen.

Wo die Wahl ist zwischen Lüge und Gefühlsverleugnung, entscheiden sich die modernen Liebenden wie die Pädagogen meistens für die Verleugnung. Weil sie alles sagen müssen und niemals lügen dürfen, müssen sie entweder ihre Partner verletzen oder auf ihre Wünsche verzichten, ihre Gefühle unterdrücken und diese Unterdrückung verleugnen. Das emotionale, situationsbestimmte Umgehen mit der Wahrheit wird durch eine kontrollierte, ein für allemal gültige Regelung ersetzt. Es gibt Paare, die sich zwingen, Berichte über Seitensprünge anzuhören, die keiner hören will. Es gibt Regelungen, wo nur «darüber» gesprochen wird, wenn jemand fragt. Es gibt genau korrespondierende Systeme von Regelwidrigkeiten. Ein Partner sagt etwa: «Du kannst alles machen, aber du mußt es mir sagen!» Der andere stimmt zu und erlebt, daß das Redegebot nicht der Information dient, sondern die Absicht enthält, über alles möglicherweise Trennende sofort Bescheid zu erhalten, um es ausmerzen zu können. So beschließt er, eine Fiktion von Offenheit aufzubauen, ein Lügengebäude, das genauso umfangreich und zusammenhängend ist wie das Kontrollnetz, das für ihn aufgespannt wurde. Das Ergebnis sind

Polarisierungen – «ich habe dich *nie* angelogen, du hast mich *immer* angelogen», die eine ähnliche Arbeitsteilung in der Beziehung ausdrücken wie «du willst *nie* mit mir schlafen, *immer* muß ich den Anfang machen», oder «du willst *nie* über die Beziehung sprechen, *immer* muß ich das angehen».

Die Verleugnung legt einen Schnitt durch die Person, während die Lüge einen Schnitt zwischen die Person und die Realität legt. Die Verleugnung schneidet die Gefühle ab, während die Lüge manchmal hilft, sich im Dienst der Gefühle über Einschränkungen hinwegzusetzen, die in Wirklichkeit bestehen. Verleugnung und Lüge suchen auf verschiedene Weise, einem Paar Angst und Trauer zu ersparen. Sätze wie «ich weiß nicht, ob ich dich liebe, ich kann dir schließlich nichts vorlügen», zeigen eine Gefahr. Ist jedes eindeutige Bekenntnis zu einem Gefühl, das zukünftige Verpflichtung, Dauerhaftigkeit, Berechenbarkeit außer acht läßt, bereits eine Lüge? Wer sich auf die oben zitierte Weise hinter Unwissenheit verschanzt, will vorbeugen. Er will nicht in einem Monat oder einem Jahr hören: «Du hast gesagt, daß du mich liebst, und jetzt tust du es nicht mehr. Du hast mich angelogen. Immer hast du mich angelogen!»

Es gibt zwei literarische Gestalten, die bis heute eine tiefe Faszination ausüben: Don Juan und Carmen. Beide verkörpern auf ihre Weise den Widerspruch, der durch die partnerschaftliche Regelung des Gefühlslebens entsteht. Don Juan ist kein typischer Edelmann, der sich mit Frauenabenteuern unterhält, weil er keine ernsthafte Arbeit hat. Das ist er *auch*, aber diese Seite ist nur die höfische Maske seiner Besessenheit (die ihn mit einer realen Gestalt der Epoche, in der die großen Don Juan-Dramen entstanden, verbindet: dem Marquis de Sade). Diese Besessenheit ist eine frühe Form der Kolonisierung des Gefühlslebens durch Leistung. Die schiere Zahl der eroberten Frauen wird zum entscheidenden Maß aller Dinge. Der Kapitalismus kündigt sich an. Er signalisiert, daß er sich auch die

Intimsphäre erobern wird. Gleichzeitig kämpft Don Juan noch einmal für die bedrohten Gefühlswerte. Er fasziniert, *weil* er lügt, *weil* er schmeichelt, *weil* er alles seinen erotischen Bedürfnissen unterwirft und sich über die alten Gebote der Religion und der Standesehre des Adeligen ebenso hinwegsetzt wie über die neue Bescheidenheit der bürgerlichen Liebenden. Der Zuschauer nimmt Don Juan seine Lügen nicht übel. Er ist gefesselt wie von einem Spiel. Der Zweck heiligt die Mittel. Und doch ist Don Juan ein Wegbereiter der festen Bindungen, die er so verabscheut. Indem er in maßloser Übertreibung rebelliert, stärkt er die Gegenkräfte.

Am Ende holt ihn der Teufel. Diese Aufbietung überirdischer Mächte hebt den spanischen Granden gegen die Tabakarbeiterin Carmen ab. Als Zigeunerin steht sie ebenso außerhalb der bürgerlichen Welt wie Don Juan. Ihre Neigung, der Liebhaber überdrüssig zu werden, die sie erobert hat, gleicht der seinen. Aber Carmen beschäftigt keinen Buchhalter-Diener, der System in ihre Normwidrigkeit bringt. Mit ihren Gefühlen ist sie so grausam, wie es ihre Umwelt gegen ihre Gefühle ist. Sie verteidigt ihre Freiheit und nimmt für sie den Tod in Kauf. Daher genügt ein eifersüchtiger Sergeant, um sie zu vernichten. Auch Carmen wird vorgeworfen, daß sie heuchlerisch, falsch, lügenhaft ist. Aber sie folgt einer Wahrheit, die nur aus ihren Gefühlen kommt. Die Faszination durch diese Wahrheit, trotz ihrer tragischen Folgen, macht die Faszination dieser Gestalt aus. Carmen ist ein Zeichen dafür, wie fremd, unsicher, unlogisch und unberechenbar die Gefühle geworden sind. Sie wirkt krankhaft, übersteigert, gleichzeitig lebenssüchtig und todesnah – wie Don Juan. Ihre gemeinsame Botschaft ist die, daß der Mensch scheitern muß, der sich seinen Gefühlen überläßt. Die Lüge mag versuchen, für Stunden, Tage, vielleicht einige Wochen eine Wirklichkeit zu schaffen, die den Gefühlen mehr entspricht als die feindselige, kalte Vernunft- und Leistungswelt, in die Don Juan und Carmen hineingeraten sind, ohne es zu wollen. Im tödlichen Scheitern dieser Lügen des Gefühls bestätigt sich der Zuschauer, daß seine Verleugnungsmechanismen doch besser sind.

Die Lüge in der intimen Beziehung ist ein hilfloser – da notwendig vereinzelter, nicht einmal zur Solidarität des Paars fähiger – Versuch, in einer nähefeindlichen Welt Raum für die eigenen Gefühle zu gewinnen. Sie nimmt Umstände hin, die lebensfeindlich sind, und versucht sie für kurze Zeit zu mildern. Daher sollte man sie nicht mit heftigeren Einwänden belegen als die Verleugnung, die zu einem kaum mehr wahrgenommenen Schmiermittel der Leistungsgesellschaft geworden ist.

Schon zu Beginn ihrer Bekanntschaft hat Veronika Angst, daß sie Xaver nicht wichtig genug ist, daß er sie nicht für voll nimmt. Sie strengt sich sehr an, um ihm zu gefallen, und ärgert sich oft darüber, daß er von ihr anscheinend mehr Gefühle kriegt, obwohl er sich weniger Mühe gibt. Dann macht sie ihm Vorwürfe, schilt ihn unemanzipiert, während er doch große Reden schwinge. Xaver ist dadurch immer sehr gekränkt, kann sich aber nicht wehren, weil er möglichst schnell wieder zu einem guten Einverständnis kommen und mit Veronika schlafen will. Er verleugnet seine Kränkung, läßt die Trauer nicht zu, die Veronikas Unzufriedenheit bei ihm auslöst, und versteht auch Veronikas Ängste nicht. Nach einiger Zeit wendet er sich insgeheim anderen Frauen zu. Veronika ist sehr eifersüchtig. Sie fragt ihn nach allen Einzelheiten. Er belügt sie, wenig geschickt, so daß sie immer wieder hinter seine «Schwindeleien» kommt. Sie wird noch vorwurfsvoller und unsicherer, während Xaver jedesmal, wenn sie ihn wieder zu einem Geständnis gebracht hat, sich nachher schwört, das nächste Mal geschickter zu lügen – denn Veronika kann sich einfach nicht an ihr Versprechen halten, ihn nicht mit Vorwürfen und Zurückweisungen zu bestrafen, wenn er offen ist. Sie will immer beides: daß er ihr seine Frauengeschichten erzählt und daß sie nie waren.

Georg ist jedesmal sehr deprimiert, wenn er keine Antwort auf Susannes Frage weiß, ob er sie denn liebe. Er will sie nicht anlügen. Aber er hat auch Angst, sie zu verlieren. Manches gefällt ihm an ihr. Dann ist er wieder völlig enttäuscht. In solchen Situationen arbeitet er sehr viel und ist oft wochenlang kaum ansprechbar. Er interessiert sich für

andere Frauen, aber er beendet die Beziehungen dann, wenn sie so intensiv werden, daß er das Gefühl hat, er müßte mit Susanne darüber sprechen. Dann denkt er aber auch oft daran, mit Susanne Schluß zu machen, weil er sich so angehängt fühlt.
Johanna lernt einen Mann kennen, der viel offener über seine Gefühle reden kann als alle vor ihm. Sie ist begeistert. Er ist Schriftsteller, zeigt die Bücher, die er unter Pseudonym veröffentlicht hat, im Schaufenster, erzählt von den Steuernachzahlungen auf seine Honorare. Er braucht nämlich Geld. Aber er würde es nie von einer Frau nehmen, die er so liebt. Sie überredet ihn endlich doch, daß er sich den Überziehungskredit spart, und leiht ihm eine beträchtliche Summe. Er verschwindet oft tagelang, weil er nur völlig ungestört, mit abgestelltem Telefon arbeiten kann. Johanna wird allmählich mißtrauisch, doch immer wieder gelingt es ihm, ihre Sorgen zu zerstreuen. Endlich beauftragt sie ein Detektivbüro, Genaueres über diesen Mann herauszubekommen. Es stellt sich heraus, daß es sich um einen bereits als Heiratsschwindler vorbestraften Buchverkäufer handelt. Johanna hat «vergessen», mit der Detektei einen Preis für die Ermittlungen zu vereinbaren, und muß nun für die bittere Wahrheit auch noch 9000 Mark zahlen.

13 Der Therapeut und die Näheangst

Wir sehen nur, daß sich die Libido an ihre Objekte klammert und die verlorenen auch dann nicht aufgeben will, wenn der Ersatz bereit liegt. Das also ist die Trauer.

Sigmund Freud*

Die helfenden Berufe haben mit der Näheangst auf sehr verschiedene Weise zu tun. Das schlichteste Modell ist, daß wir für die seelische Störung «Näheangst» einen geeigneten Therapeuten suchen, der dann seine Fertigkeiten darauf richtet, sie zu beseitigen. Ich würde diese Erwartung nicht so formulieren, wenn ich nicht im Sinn hätte, sie in Frage zu stellen. Eine andere, früher eher übersehene Möglichkeit ist die, daß der helfende Beruf selbst Näheangst ausdrückt und absichert. Einerseits bezieht er die Gefühlswelt in seine Leistungsbereitschaft ein. Andererseits benützt er die beruflichen Strukturen, um sich abzugrenzen und vor übermäßiger Hingabe oder unerfüllbaren Ansprüchen zu schützen. Eine dritte Überlegung muß in die Richtung gehen, daß vermutlich die Ausbreitung der Näheangst und die Inanspruchnahme von beruflichen Helfern gemeinsame Wurzeln in geschichtlichen Entwicklungen haben. Diese wirken zwar in die Tätigkeit der Helfer und in die Schicksale ihrer Schützlinge hinein, können aber durch diese nicht unmittelbar beeinflußt werden.

Da ich nicht an die Möglichkeit einer wertfreien Darstellung

* Vergänglichkeit, Ges. W. X, S. 360.

dieser Zusammenhänge glaube, möchte ich meine Position vorstellen. Ich arbeite seit vierzehn Jahren als Therapeut und halte diesen Beruf nach wie vor für eine faszinierende Aufgabe. Meine «schulische» Festlegung ist nicht ganz einfach. Ich bin zwar ausgebildeter Psychoanalytiker, aber nicht Mitglied in der internationalen Gesellschaft, die heute Freuds Erbe verwaltet, sondern in einem kleinen Arbeitskreis. Gruppentherapie und Gruppenselbsterfahrung scheinen mir auch in der Ausbildung von Analytikern sehr wesentlich. Diese Praxis mag mitverantwortlich sein, daß mich die Sozialpsychologie des Helfers besonders interessiert. Ich halte es jedoch für eine Illusion zu glauben, daß die Gruppentherapeuten unter den Analytikern besonders fortschrittlich sind. Manchem Leser meiner Bücher scheint es ein Widerspruch, daß ich die berufliche Situation der Helfer so kritisch betrachte und dennoch weiterhin als Analytiker arbeite – unter anderem in der Ausbildung von Psychotherapeuten. Ich selbst glaube, daß eine Kritik nicht an Überzeugungskraft verliert, wenn sie den Kritiker mitbetrifft.

Weil ich selbst jeden Arbeitstag einige Stunden damit beschäftigt bin, mit Menschen zu arbeiten, deren Schwierigkeiten mehr oder weniger deutlich durch ihre Angst vor Nähe bedingt sind, will ich hier auch über praktische Gesichtspunkte berichten, die sich aus dieser Arbeit ergeben. Man kann die Betroffenen in zwei Gruppen einteilen, die sich äußerlich oft erheblich unterscheiden, aber untergründig verbunden sind: Bei der ersten Gruppe steht die Näheangst eindeutig im Vordergrund. Beziehungen sind flüchtig oder durch eine Distanzgarantie gekennzeichnet, die der ersehnten Zweierbeziehung im Weg steht. Hinter diesen äußeren Gründen, die von den Klienten meist sehr betont werden, verbirgt sich mangelndes Zutrauen zu den eigenen Gefühlen, zerbrechliche Objektkonstanz oder die Unfähigkeit, die kritischen, zweifelnden Haltungen in der eigenen Person mit den Gefühlsbedürfnissen zu versöhnen. Der Gewissenskrieg, den ich bereits beschrieben habe, findet innerhalb der Klienten statt. Je mehr von ihm nach außen verlegt werden kann, desto größer wird die Entlastung, desto schwieriger ist aber auch die Veränderung. Ein Mann, der spürt, wie groß seine Angst ist, sich auf eine Frau einzulassen, kann viel einfacher therapeutische Hilfe finden als ein anderer, der es für eine finstere Schicksalsmacht hält, daß seine Traumfrauen immer gebunden oder weit weg sind. Den Frauen, die gern mit ihm leben würden, kann er eben einfach nichts abgewinnen. Im ersten Fall findet sich der Therapeut in einer Lage, die sich mit der herkömmlichen Behandlung neurotischer Ängste vergleichen läßt. Er kann die Quellen der Selbstzweifel aufspüren. So mag er eine feinere Struktur der verbietenden Instanzen bewirken, die augenblicklich durch ihre undifferenzierten Verbote jede spontane Hingabe an das eigene Gefühl behindern. Im anderen Fall muß die Verlegung nach außen erst einmal zurückgenommen werden. Die Situation ist eher mit der Behandlung von Suchtkranken vergleichbar, die deshalb so schwierig ist, weil die Droge eine kurzfristig viel angenehmere Lösung bietet als die Trauerarbeit, welche in einer Therapie geleistet werden muß. Daher ist bei den Suchtkranken die Rückfallgefahr so groß, nicht viel anders als bei den Klienten, die ihre Näheangst nach außen verlegen und oft jahrelang den sehnsüchtigen Traum von einem unerreichbaren Idealpartner hüten. Immer wieder kehren sie zu ihm zurück, unwiderstehlich angezogen. Sie klagen den Therapeuten an, er mute ihnen zu, sich mit irgendwelchen kaputten Personen abzuplagen, die zwar eine wirkliche, aber keine «richtige» Beziehung anböten. «Ich habe Angst vor einer realen Beziehung», vermittelt der erste Klient. «Ich habe keine Lust dazu», der zweite.

Eine andere Gruppe von Klienten ist von einer bestehenden, aber durch unerfüllte symbiotische Ansprüche gestörten Beziehung belastet. Sie fürchten von einer gefühlsbestimmten, liebevollen Geborgenheit, daß sie lebensgefährliche Abhängigkeitswünsche weckt und sie zum Lebenskampf so untauglich macht wie das «Verliegen»* die Helden der Ritterepen. Daher kämpfen sie gegeneinander. Der Partner ist der Schuldige für den Mangel an Liebe und Wärme. Er hat einmal versprochen, ihn zu beheben, und das Versprechen nicht erfüllt. Traumpartner und Realpartner sind gewissermaßen zusammengerückt, in eine Person verschmolzen. Wer diesen Holzklotz, diese Xanthippe verläßt, mit der er real zusammen lebt und über die er sich fast jeden Tag ärgern muß, der gibt auch jede Möglichkeit preis, daß aus ihnen eines Tages doch noch der ersehnte «richtige» Partner wird, wie im Märchen der Prinz aus dem Frosch. Es ist, als ob die Betroffenen den Knalleffekt der Fabel durch ein zwanghaft wiederholtes Ritual ersetzen. Immer wieder werfen sie den Frosch gegen die Mauer und hoffen, daß es endlich der Prinz wird. Und so leben sie lange Jahre mit einem beschädigten Frosch zusammen.

Auch hier liegt der erste Schritt einer therapeutischen Arbeit darin, die Versuche aufzuklären, den Partner zu verändern und dadurch endlich den erwarteten Glückszustand zu gewinnen. Er ist nicht leicht zu leisten. Zu sehr steht im Vordergrund der Aufmerksamkeit, was der Partner tut, um den ersehnten Frieden zu zerstören und immer wieder neue Kämpfe zu beginnen. Zu schwierig ist es, die eigenen Waffen zu erkennen und nicht die Rüstung des anderen, gegen die man sich doch nur verteidigt. Es wäre verfehlt, in dieser Situation die Vorwurfsketten der Partner mit einem Modell therapeutischen Zulassens immer wieder Glied um Glied abzuspulen. Ich greife hier möglichst bald ein und versuche, eine konkrete Situation zu finden. In dieser lassen sich die vermiedenen Gefühle, Ängste und Sehnsüchte eher auffinden. Um reale Verbesserungen zu erreichen, ist Trauer unvermeidlich. Der Kampf ist dadurch entstanden, daß beide Partner um einen schmerzhaften Verzicht

* Mit diesem Ausdruck wurden Ritter belegt, welche sich bei den eroberten Frauen «verlagen», statt auf neue Abenteuer auszuziehen.

herumkommen wollen, den sie so fürchten, als ob seine Folgen unheilbar wären. Unheilbar ist jedoch nur die Verletzung, die sie sich immer wieder zufügen – solange der Kampf nicht beendet wird. Und zwar nicht durch Sieg, nicht durch Niederlage, sondern dadurch, daß etwas anderes, bisher Unbekanntes oder nicht Beachtetes an seine Stelle tritt.

Wie bei jenen Denkaufgaben, in denen es darauf ankommt, ein festes Gerüst aufzugeben, das in anderen Situationen bereits zu Lösungen geführt hat, ist auch bei der Therapie der Weg aus dem Dilemma oft unerwartet, ja paradox. Zum Beispiel muß der Klient mit Beziehungsschwierigkeiten häufig lernen, allein zu sein, sich in keiner anderen Gesellschaft als der eigenen wohl zu fühlen. Erst in der Einsamkeit begegnet er seiner Angst vor Autonomie, die er sonst im raschen Wechsel von Partner oder Wohngemeinschaft, im Normenkrieg oder auch in den Träumen von einem fernen Prinzen (oder einer Prinzessin) verbirgt.

Die Symbioseentflechtung läuft darauf hinaus, Wünsche, Ängste, «Schwächen» als eigene Erlebnisse auszudrücken. Wer das tun kann, ist auch eher fähig, die Trauerarbeit auf sich zu nehmen, daß sie nicht erfüllt werden. Symbiotische Partner versuchen, den anderen zu verändern, um dem ersehnten harmonischen Idealzustand des wunschlosen Glücks näher zu kommen. Ihr ständiges Scheitern führt sie in die Therapie. Aber ihr Ziel ist meist unverändert: Der Partner soll anders werden. Entweder soll eigentlich er eine Therapie machen, ist aber unwillig. Oder er macht bereits eine und ist durch sie vollends unleidlich geworden, so daß man nachziehen muß. Während die Klienten in den Therapien neue Waffen für den Nähekrieg schmieden, arbeiten die Therapeuten daran, diesen zu beenden. Stehen sie selbst in einem Konkurrenzkampf (weil sie zum Beispiel überzeugt sind, daß es «bessere» und «schlechtere» Therapiemethoden gibt), dann ist kein Friede in Sicht. Selbst wenn nur ein Therapeut mit einem solchen kämpfenden Paar arbeitet, hat er alle Hände voll zu tun, zwei Gefahren auszuweichen: daß seine Hilfsangebote in Kampfmittel umgewandelt werden – oder daß er aus Angst vor diesem Schicksal unengagiert, unparteiisch und unwirksam bleibt.

Im Gegensatz zu einer oft mißverstandenen Auffassung von «analytischer Abstinenz» ist der Therapeut durchaus Partei und auch mit seinen Gefühlen beteiligt. Eine kühle, distanzierte Neutralität bleibt keineswegs im wünschenswerten Sinn abstinent. Sie belastet die Klienten mit der Wiederholung einer Kindheitssituation, in der auch die Eltern ohne Beteiligung blieben. Freilich gibt es ein anderes Extrem, in dem der Therapeut seine eigenen Gefühle an die Stelle unverstandener Empfindungen des Klienten setzt. Die sinnvolle Abstinenz liegt darin, daß er die Klienten nicht mit seinen eigenen Problemen belastet*, sondern sich für ihre Beziehung engagiert, für den realen Austausch von Wünschen und für die Trauerarbeit, die um unerfüllbare Wünsche zu leisten ist. Solange er dieses Engagement für beide Partner aufbringen kann, ist es meist auch möglich, sich bald mehr mit dem einen, bald mehr mit dem anderen zu beschäftigen. Nicht durch ängstliches Vermeiden aller Aussagen und Vorschläge, die möglicherweise als Parteinahme verstanden werden könnten, ist etwas zu erreichen. Vermeidung und Rückzug gehören zu den beliebtesten Waffen zerstrittener Paare. Wesentlich ist, daß der Kontakt zu beiden Partnern diese Meinungsverschiedenheiten trägt und der Therapeut klären kann, daß er sich nicht als Waffenhändler versteht.

Die Vorstellung einer vollkommen unparteiischen Haltung

* Das ist sicherlich leichter gesagt als getan. Ich bin nicht überzeugt, daß eine gründliche Lehranalyse vor solchen Gefahren schützt. Hier handelt es sich um ein Dauerproblem, das eine dauernde Selbstreflexion des Therapeuten erfordert, wie etwa eine (leiterlose) Kollegengruppe, in die Schwierigkeiten mit Klienten, aber auch eigene Probleme eingebracht werden können.

des Therapeuten gehört zu den lebens- und nähefeindlichen Idealen der Industriewelt wie die Vorstellung von einer «wirklich abgeschlossenen» Trauerarbeit, von einer «verarbeiteten» Trennung, von einem «gelösten» Beziehungsproblem. Reale Nähe und Liebe sind unvollkommen, bedroht, subversiv. Die Vollendung des Gefühls, nach der wir uns sehnen, erreichen wir nicht durch den Vergleich mit einem schon bekannten Idealzustand, sondern durch einen Verzicht auf alle Vergleiche, an denen wir uns festhalten können. Wie das Wasser den Stein abträgt und anderswo neue Sedimente schafft, so wird die Therapie alte Verfestigungen lockern und zugleich neue schaffen.

Die Überwindung des Leistungsdenkens

In einer Selbsterfahrungsgruppe kommt Jutta auf ihren Freund zu sprechen. Er hat kein Verständnis für ihren Wunsch, zu heiraten und Kinder zu haben. Sie haben beide so viel zu tun, daß sie sich nur an jedem zweiten Wochenende ausführlicher unterhalten können. Dann wird etwas Schönes organisiert, eine Bergtour zum Beispiel. Mitten auf dem Weg fängt sie an zu weinen und kann gar nicht mehr aufhören. Und das ganz ohne Grund. «Früher warst du doch auch nicht so», sagt der Freund. Früher war Jutta auch in der Gruppe nicht so. Sie sprach von ihrem Beruf, der vielen Arbeit, der Freude, wenn etwas gelang. Es dauerte längere Zeit, bis sie so viel Vertrauen faßte, auch einen Teil der Gefühle hinter dieser tüchtigen, fröhlichen Fassade zu zeigen. Sie lebt seit sieben Jahren mit ihrem Freund zusammen. Bisher hat sie mit Zuversicht und Energie die Verantwortung für die Beziehung getragen, während er eher passiv war und sich auf seine Arbeit konzentrierte. Jetzt sind sie beide mit ihrer langen Ausbildung fertig. Sie müssen ihre Studentenwohnung verlassen, die gemütlich mit Kisten und Möbeln vom Sperrmüll eingerichtet ist. Der Altbau wird abgerissen. Es wäre an der Zeit, daß der Freund die Verantwortung für die Beziehung mit übernimmt. Aber Jutta kann ihm ihre Wünsche nur auf die vertraute Weise mitteilen: sie übernimmt die Verantwortung, sie nennt ihr Bedürfnis, geheiratet zu werden, auch einmal die Versorgte zu sein, «spießig» und schilt ihn doch gleichgültig, weil er ihr diesen Vorbehalt nicht ausredet, ihre passiven Bedürfnisse nicht erkennt. Sie tut so, als hätte sie eine Stärke fürs Heiraten, tatsächlich aber hat sie eine Schwäche dafür. Sie kann diese Schwäche schlecht zeigen. Sie will stark sein, etwas bringen und leisten. So grübelt sie nach, was sie machen kann: soll sie eine neue Wohnung suchen, vielleicht mit einem anderen Mann ganz von vorne anfangen, oder etwas ausdenken, was ihn endlich wirklich überzeugt? Er wäre ja bereit, sie zu heiraten, aber er täte es nur ihretwegen, nicht weil er es genauso will wie sie, nur um ihr einen Gefallen zu tun. Das ist doch keine richtige Ehe! Wenn sie zu weit in diese Richtung gedacht hat, wird sie ganz traurig. Sie denkt an ihre gemütliche, billige Wohnung. Wenn sie ausziehen muß, braucht sie auch mehr Geld ... Die Gruppe versucht ihr zu zeigen, daß sie ihrem Freund ihre Bedürfnisse noch gar nicht klargemacht hat und ihm auch nicht wirklich zutraut, daß er sie in ihrer Trauer annimmt. «Ich sehe schon, daß ich ihn zu stark belaste», sagt Jutta. «Ich muß mehr Verständnis für ihn haben.»

«Ich muß lernen, mehr Schwäche zu zeigen» ist ein Paradox. Aktiv lernen kann man nur, die Schwäche zu kontrollieren und zu verbergen. Aber Juttas Reaktion ist sehr verbreitet. Viel wird gearbeitet, um den Partner zu bewegen, endlich so zu werden, daß man nicht mehr mit den eigenen Schwächen auf ihn angewiesen ist, sondern gemeinsam das gesellschaftlich vorgeschriebene Stärke-Glück leben kann.

Die therapeutische «Leistung» hängt eng mit diesen Schwierigkeiten zusammen. Für den an Kontrolle und Anpassung gewöhnten Klienten «bringt es nichts», sich seinen Empfindungen der Angst vor Überforderung, der Trauer um seine nicht erfüllten Versorgungswünsche zu nähern. Er möchte Lösungen sehen. Und wenn schon er, der so tüchtig und erfolgsgewohnt ist, in dieser Situation nicht weiterkommt, dann soll es wenigstens der Therapeut für ihn schaffen! Er soll sagen, was er machen muß. Jeder Schritt aus diesem Dilemma ist davon bedroht, daß er wieder zurückgenommen wird, weil er nicht gut genug ist und nicht weit genug geht. «Ich hab gedacht, das ist ein strenger, zugeknöpfter Therapeut, der mir sagt, was alles falsch gelaufen ist in meiner Kindheit. Und jetzt merke ich, daß Sie ganz anders sind. Es tut mir gut, wie Sie mich verstehen und nichts von mir fordern, wie Sie sich für mich interessieren,ohne daß ich mich anstrengen muß. Aber dann denke ich zwischendurch immer wieder, vielleicht ist das gar keine richtige Analyse, die tief und gründlich genug geht. Vielleicht mache ich mir das alles viel zu einfach ... Das heißt ja wohl auch, daß Sie es sich zu leichtmachen ... Hoffentlich sind Sie mir jetzt nicht böse ...»

Da die Abfuhr der Nähebedürfnisse behindert und diese gestaut sind, muß der Klient ständig beides aufrechterhalten: die angespannte Leistungsbereitschaft und den Wunsch nach völliger Entspannung. Er geht daher mit dem Therapeuten um wie die vielzitierte jüdische Mutter mit ihrem Sohn: Es ist unmöglich, ihn völlig zu befriedigen. Ist der Therapeut streng, fehlt die Wärme. Ist er warm, fehlt die Strenge. Die jüdische Mutter schenkt ihrem Sohn zwei Krawatten. Als er am nächsten Morgen eine davon trägt, sagt sie weinend: «Du liebst mich nicht, ich hab es immer gewußt. Die andere gefällt dir nicht!»

Die liebevolle Trennung

Weil der Klient das Objekt seiner Liebe vorwiegend durch seine Leistungsbereitschaft, nicht durch sein liebevolles Gefühl zu fesseln und beständig zu machen glaubt, fällt es ihm sehr schwer, sich zu trennen. Lieber achtet er von Anfang an auf Abstand. Es ist, als ob jede Äußerung von Anhänglichkeit gegen ihn verwendet werden könnte wie ein Mordgeständnis. Er fühlt sich festgelegt und verpflichtet. Gleichzeitig hat er kein Vertrauen in die Beständigkeit von Gefühlen. Ihre zyklischen Abläufe scheinen ihm unberechenbar.

Sylvia und Günther kennen sich seit vielen Jahren. Früher wollte Sylvia eine feste Beziehung. Inzwischen hat sie sich damit abgefunden (oder glaubt das zumindest), daß Günther alle paar Wochen einmal anruft, sie zum Essen oder ins Kino einlädt und anschließend mit ihr schlafen will. «Ich weiß schon, wenn ich mich darauf einlasse, mit ihm Essen zu gehen, muß ich nachher bar bezahlen», sagt Sylvia in der Gruppe. «Am besten lasse ich mich gar nicht mehr darauf ein. Neulich hat er gesagt, er fände unsere Beziehung gerade so schön. Da habe ich gesagt, mit mir nicht, ich will nichts mehr mit ihm zu tun haben ...»

Entweder muß Günther schlecht sein oder sie selbst. «Blöde Affen», sagt sie von den Männern – und wenig später: «Ich muß ganz schön blöd sein, daß ich mich immer wieder auf dieselben Typen einlasse!» Trennung ist nur möglich, wenn die Beziehung schlecht ist. Mindestens einer der beiden muß blöd sein, sonst gibt es doch keine Trennung! Das Paradies ist greifbar nahe. Nur die eigene Dummheit oder die Schlechtigkeit der Männer hindert, es zu erreichen. Statt ihre Gefühle für den Mann zu leben, der *diesen* Abend mit ihr verbringen will, sucht Sylvia in Günther den Partner fürs Leben und verdirbt sich damit den Abend. Es ist, wie wenn ein Mann, der ein Haus bauen will, jeden einzelnen Baustein prüfend anblickt, ob er denn schon das Haus ist – und ihn wegwirft, weil er es nicht ist.

Das Gegenstück der liebevollen Trennung ist die Trennungskatastrophe. Sie wird herbeigeführt, um sich ohne schlechtes Gewissen trennen zu können. Wenn wirklich auch der letzte Funke eines positiven Gefühls ausgetreten ist, hält nichts mehr zurück. Es ist um so einfacher, sich zu trennen, je eindeutiger die liebevollen Gefühle sind. Sie führen dazu, daß ein festes Bild der Geliebten bestehen bleibt, auch wenn sie Abstand und Freiheit voneinander beanspruchen. Wer die Annäherung und damit die Nähe verweigert, tut es sehr oft, weil er sich eine liebevolle Trennung nicht vorstellen kann. Er hält an einem mittleren Abstand fest und versucht, möglichst starr und unbewegt zu bleiben, um weder in den Sog der Symbiose zu geraten noch jeden Kontakt zu verlieren. Weil in der Therapie die berufliche Beschaffenheit der Beziehung den Abstand gewährleistet, ist hier oft ein erstes Erleben von Nähe in Freiheit möglich, das schrittweise neuen Spielraum auch in den Beziehungen außerhalb schafft.

Die liebevolle Trennung gelingt, sobald der Betroffene einen Teil der Trauer auf sich nimmt, die er durch Überanpassung und Kontrolle des Partners vermeiden will. Sylvia muß es ertragen, daß Günther am nächsten Morgen geht. Sie glaubt, je kälter und distanzierter sie zusammen den Abend verbringen, je deutlicher sie sogar aus dem erotischen Kontakt eine Rechensache macht, desto leichter fällt ihr die Trennung. Sie verhält sich wie eine Hungerkünstlerin, die lieber eine ungenießbare Speise hinunterschlingt, als sich auf den Geschmack des Essens bringen zu lassen. Die Formulierung «bar bezahlen» für «zusammen schlafen» stört Sylvia sehr, sobald sie genauer anschaut, was sie da gesagt hat. Solche Ausdrücke sollen das Chaos der unsicher gewordenen Gefühlsbeziehungen ordnen. Man zahlt für den Kontakt und trägt Sorge, ihn zu beenden, wenn «nichts herauskommt». Die liebevolle Trennung ist nicht möglich, wo solche Meinungen vorherrschen. Wer sich trennt, muß aufgeben, was er an Vorleistungen erbracht hat. Man kann gehen, obwohl man nicht alles bekommen hat, was man wollte – aber doch das, was der Partner zu geben imstande war.

Auch die liebevolle Trennung von den Eltern ist oft schwierig. Das ‹*Drama des begabten Kindes*›* wird zur Tragikomödie der unbegabten Eltern, die «wenigstens einsehen sollen, daß sie in der Erziehung Fehler gemacht haben». Dahinter steht die Hoffnung der Kinder, das investierte Anpassungskapital zurückzubekommen. Der Erfolg bleibt aus. Die geplagten Eltern

* A. Miller, Das Drama des begabten Kindes, Frankfurt (Suhrkamp) 1978.

versagen auch noch die bisherige krumme, verständnislose, auf das «falsche Selbst» der Kinder gerichtete Zuwendung. Man kann sich noch weniger von ihnen trennen; nur das schlechte Gewissen hat Konjunktur. So versuchen die Beteiligten, durch angestrengte Aktivität (wie die Umerziehung bejahrter Mütter und Väter) Trauer zu vermeiden. Es scheint ihnen unerträglich, die Grenzen ihrer Eltern wahrzunehmen und bei der Trennung liebevoll die paar Dinge einzupacken, die sie mitbekommen haben. Statt sich die Einmischung der Eltern liebevoll zu verbitten und zu tun, was man will, wird die Einmischung der Eltern gefordert – aber bitte richtig, bitte ganz anders als bisher, verständnisvoll und einfühlend ... Die Folgen sind entweder eine Abgrenzung im chronischen Streit, der beide Seiten viel Kraft kostet (aber wegen dieser «Investition» ebensowenig eingestellt werden kann wie eines der Kanal- oder Flughafenprojekte, deren künftige Unrentabilität längst bekannt ist). Irgendwann wird jeder Kontakt abgebrochen. Die Kämpfer unterhalten maskenhafte, höflich-distanzierte Beziehungen und treffen sich sehr selten.

Die Aufgabe der Therapie ist es, neu zu ordnen, wie der Klient seine Beziehungssituation wahrnimmt. Auf welchen Wegen diese Einsicht herbeigeführt wird, hängt von verschiedenen Einflüssen ab: Ausbildung des Therapeuten, Erfahrung, methodische oder «technische» Vorliebe. Ein Verhaltenstherapeut wird an beobachtbaren Interaktionen ansetzen, ein Analytiker an den freien Einfällen, ein Familientherapeut unter Umständen an dem Beziehungsgeflecht, das zwischen ihm und den Klienten entsteht. Die Umstrukturierung der Wahrnehmung des Klienten greift dessen eigene Lösungsversuche der schwierigen Situation auf und versucht, ihnen eine neue Bedeutung zu geben. Sehr oft verlaufen diese Lösungsmodelle nach dem Prinzip «mehr desselben». Ein Mittel, das sich als unwirksam erweist, wird verstärkt. Wer seinen Partner bisher beschimpft hat, wenn dieser etwas falsch machte, wird daran denken, ihn zu verprügeln, wenn er auf die Beschimpfung hin das unerwünschte Verhalten noch steigert. Es wird ihm nicht leichtfallen, die Beschimpfung sein zu lassen und andere Mittel zu versuchen. Der liebevolle Umgang mit der Trennnung ist eine ähnlich paradoxe Vorstellung. Wie kann man sich liebevoll von jemandem abgrenzen oder trennen, der einen hinten und vorne enttäuscht, ja betrogen hat? Die Angst, durch das Zulassen der liebevollen Gefühle die Abhängigkeit ins Unerträgliche zu steigern, behindert diesen Schritt. Es ist schwer vorzustellen, daß nicht erst große Projekte abgeschlossen sein müssen, den Partner zu einem eindeutig liebens- oder hassenswerten Objekt zu machen, bevor man sich abgrenzen und trennen kann. Es ist den Klienten meist schlechterdings unmöglich, sich vorzustellen, daß sie mit nichts als ihren eigenen, ungezwungenen Gefühlen eine Beziehung gestalten können. Sie grübeln eher, was sie für den Partner tun, ihm sagen, wie sie sein Verhalten besser verstehen und beeinflussen könnten. Daß die Lösung nicht in einer Vervollkommnung dieser Versuche liegt, sondern in ihrer Zurücknahme, scheint ihnen absurd. Sie beklagen, wie ihre Leistungsbereitschaft immer wieder ausgebeutet wird. Sie suchen die Lösung in Kontaktverweigerung oder striktem Beharren auf gerechtem Austausch. Auf den Gedanken, sich selbst etwas zu nehmen, kommen sie gar nicht. Ich sage dann gelegentlich: Sie müssen anfangen, *andere* auszubeuten. Nur dadurch entsteht Gerechtigkeit, nicht durch Rückzug und Verweigerung. Dieser Gedanke wirkt auf viele Klienten geradezu pervers: Er weckt tausend Vorbehalte und Nachbehalte. Aber er kann nützen, die Wahrnehmung der Situation neu zu ordnen. Eine solche Klientin träumte nach einigen Jahren Analyse davon, sie würde aus meinem Zimmer einen Teppich stehlen. Als ich sie darauf hinwies, daß sie doch auch in ihren Männerbeziehungen gelernt habe, mehr mitzunehmen und sie nicht nach der ersten Nacht abzubrechen, weil sie sich den Anforderungen nicht gewachsen fühlte, sagte sie:

«Bei Ihnen lernt man ja saubere Sachen. Ich dachte schon, daß Sie mir auch das Stehlen noch als Fortschritt verkaufen würden. Aber es ist schon richtig, daß es mir viel besser geht, seit ich nicht mehr glaube, ich muß den Männern alles recht machen und sie mir deshalb vom Leib halten.»

Einzel- oder Gruppentherapie?

Vor einigen Jahren habe ich auf die Gefahr hingewiesen, daß in einer von Näheangst geplagten Welt Psychotherapie zu einer Ersatzbefriedigung wird.* Damals unterschied ich zwischen dem überflüssigen und dem notwendigen Leid. Wer Psychotherapie als Ersatzbefriedigung mit marktschreierischen Versprechungen verkaufen will, wird diesen Unterschied in der Regel nicht machen. Er wird so tun, als ob er auch das notwendige Leid, die unumgängliche Trauer, beseitigen könnte.

Trotz dieser Kritik bleibt es sinnvoll, mit bescheideneren Ansprüchen zu versuchen, überflüssiges Leid zu vermindern. Ich glaube, daß Gruppentherapie grundsätzlich eher geeignet ist, die Ersatzbefriedigungsqualität der Therapie zu vermindern. Das gilt freilich nur dann, wenn der Gruppenleiter die Gruppe in ihrer Verselbständigung unterstützt und nicht als Möglichkeit mißbraucht, sich für seine charismatische Arbeit vor einem bewundernden Publikum bezahlen zu lassen. Die Gruppe bietet realistischere Beziehungssiutationen als die Einzeltherapie. In dieser droht eher die Gefahr, sich mit einem scheinbar ideal beziehungskompetenten Therapeuten zu identifizieren und damit gerade die Kurzstreckenperfektion zu verfolgen, welche die Näheangst begleitet. Wo sich der Einzeltherapeut unentbehr-

* W. Schmidbauer. Im Körper zuhause. Alternativen für die Psychotherapie. Frankfurt (Fischer-öko) 1982.

lich macht, hilft er auch, Beziehungsstörungen zu verschleiern, die in der Gruppe deutlich werden.

Meiner Erfahrung nach lassen sich die «leichteren» Formen der Näheangst gut in einer mehrjährigen Gruppentherapie mit einer Sitzung pro Woche angehen. Das heißt nicht, daß die Klienten allesamt mit heilen Zweierbeziehungen aus der Behandlung hervorgehen. Diesen Anspruch erfüllt gelegentlich das Leben, sicher nicht die Therapie. Sie kann allenfalls erreichen, daß die Klienten ihre notwendige Einsamkeit ertragen, ohne zerstörerische Auswege (wie Alkohol, Medikamentenmißbrauch, Depressionen, Angstzustände) zu beschreiten. Analog dazu bessern sich «leichtere» Formen des Symbiosekonflikts in einer Partnerbeziehung in einer mehrjährigen Therapie zu zweit in einer Gruppe.

Wenn diese Behandlung nicht ausreicht, sind zusätzliche Einzelstunden sinnvoll. Sie scheinen mir besonders dann notwendig, wenn die Näheangst ganz oder teilweise nach außen verlegt wird. Der Betroffene deutet sie dann (wie bereits beschrieben) als Versagen, den «richtigen Partner» zu finden oder sich von dem «falschen Partner» zu trennen. Die Vermutung, daß besonders schwer gestörte Menschen auch besonders viel und intensive Therapie benötigen, erweist sich in der Praxis oft genug als unrealistisch. Der Satz, daß gesunde Menschen am meisten von einer Psychotherapie profitieren, ist oft richtiger. Was gesellschaftlich «gesund» erscheint, die Überentwicklung von Anpassung und Leistung, verbunden mit einer mangelnden Entwicklung der emotionalen Autonomie, ist vielfach die Vorbedingung, um eine Therapie als sinnvoll und hilfreich zu erleben.

Karl Kraus hat einmal von der Psychoanalyse gesagt, sie sei jene Krankheit, für deren Therapie sie sich halte. Diese Formel trifft um so mehr, je deutlicher wir ihr den abschätzigen Charakter nehmen. Freuds Entdeckungen waren der erste wissenschaftliche Fortschritt, der auch einen Rückschritt (oder doch zumindest die begrenzte Möglichkeit dazu) enthielt. Während vordem die Störung, das Unangepaßte, Unerwünschte durch einen unüberbrückbaren Gegensatz von den Mitteln getrennt war, mit denen man sie zu behandeln suchte, hat die Psychoanalyse versucht, diese Grenze aufzulösen. Der Analytiker soll seine eigene Neurose in einer Lehrbehandlung kennenlernen und sich mit ihr auseinandersetzen. Es ist daher kein Zufall, wenn sich viele Psychotherapeuten den Umweltschutz- und Friedensbewegungen anschließen. Sie haben mehr Möglichkeiten, die auf sicheren Abstand bedachten Umgangsformen der Technik und Bürokratie kritisch zu sehen. Freilich, vor Überschätzung sei gewarnt. Die Analyse ist eine Schere, die zwar das Papier der Phantasie schneidet, aber am Stein der Wirklichkeit rasch stumpf wird. Oder, um es im Dreieck des alten chinesischen Knobel-Spiels auszudrücken, in dem der König das Huhn ißt, das Huhn den Wurm und der Wurm den König: Die Analyse frißt die Neurose, die Neurose frißt den Beruf, und der Beruf frißt die Analyse. Überall da, wo die beruflichen Interessen des Analytikers unter einer folgerichtigen Anwendung der Analyse leiden würden, verändert sich die Analyse. So wurde sie aus einer Geisteswissenschaft und Kulturpolitik bewegenden Kraft zu einem Spezialgebiet der Medizin. Freuds Einwände verhallten.

Ich halte die Psychotherapie auch (aber nicht nur) für ein Symptom eben der Näheangst, zu deren Behandlung man sie anwendet. Das klingt absurd, wenn man entlang der säuberlichen Scheidungen eines an technischer Kausalität interessierten Vorgehens entlangdenkt. Aber in der mehrfach determinierten Welt der Psychologie sind solche Überlegungen angezeigt. Die sozial hochgeschätzte therapeutische Hilfsbereitschaft ruht gar nicht selten auf der Basis einer Angst vor Nähe. Um sie zu bewältigen, werden die Arsenale der Psychoanalyse und klinischen Psychologie aufgesucht. Die Fähigkeit, sich ohne die Äußerung eigener Gefühle, eigener Schwäche auf andere Menschen einzustellen, gehört sowohl in den Bereich der Näheangst wie in den Beruf des Psychotherapeuten. «Vermeidung von Gegenseitigkeit» habe ich das in einer Analyse des Helfer-Syndroms genannt.*

Die Gefahren der Spaltung

Der ursprüngliche Mensch wird von seinem Bedürfnis nach Nähe bestimmt. Es fiele ihm nicht ein, über es nachzudenken: es ist erfüllt, war erfüllt, wird erfüllt sein, solange er sich gegenüber seiner Umwelt durchsetzen kann, die ihm wenig mehr als das Lebensnotwendige gibt. Der näheängstliche Mensch kämpft um sein emotionales Überleben in einer gefühlsfeindlichen Welt. Leider führt er oft genug diesen Kampf gegen Menschen, die ihn lieben. Sie sind näher bei ihm und verletzbarer als die scheinbar ungreifbaren Strukturen, die sein Leiden bewirken und deren oft ahnungslose Vollstrecker Eltern, Lehrer, Vorgesetzte sind.

Die Therapeuten, welche Eltern für die unerfüllbaren symbiotischen Bedürfnisse ihrer Patienten verantwortlich machen, sind ebenso ahnungslos. Wenn sie die Wiederherstellung der Gefühlsbeziehung betreiben wie die von aller öffentlichen Gefühlslosigkeit befreite Abschaffung verinnerlichter Elterneinflüsse, werden sie den subversiven Charakter der Nähe verkennen. Sie können dann ihren Klienten zwar zu Erfolgen in ihrer Leistungsfähigkeit verhelfen, aber ihre Gefühlsbeziehungen zu anderen Menschen nur wenig beeinflussen. Sie erzeugen tiefergreifende Anpassungen.

Man muß echt sein, spontan, offen, den Bauch und das Herz reden lassen, wie der Kopf meint, daß Bauch und Herz reden. Eine Therapie, die nur sich selbst beachtet, führt oft zu einem neuen Leistungsdruck. Analytiker prunken mit ihren Analyse-

* W. Schmidbauer, Die hilflosen Helfer. Reinbek (Rowohlt) 1977.

jahren, Gesprächstherapeuten mit ihrer Einfühlung. Jeder belauert den anderen, wer jetzt schneller tiefere Gefühle sprudeln lassen kann. «In den Puff zu gehen, das hab ich bisher noch nicht gebracht ... Der Tilmann Moser beschreibt das doch so schön...», sagte mir kürzlich der Leiter einer Einrichtung der Erwachsenenbildung, von Beruf Pastor und Diplom-Psychologe. Früher hätte es sich der Pastor verboten, in den Puff zu gehen. Vielleicht wäre er mit sündhafter Lust in der Dunkelheit hingeschlichen. Heute scheint es keine durch Schuldgefühle verdunkelte Lust, sondern eine Pflicht, von der mein Gesprächspartner redet. Die Situation ist ein Beispiel mehr dafür, wie sich der Leistungsdruck Bereiche erobert, die ihm bisher verschlossen waren. Die Sümpfe werden trockengelegt, die Dschungel abgeholzt. Was Freud noch heroische Kulturarbeit erschien («aus Es soll Ich werden ... wie die Trockenlegung der Zuider-See» *), gerät in den Verdacht der Ausbeutung einer ursprünglichen Wildnis, deren natürliche Vielfalt uns mehr und mehr abhanden kommt. In einer Berufsarbeit, die Gefühlsbeziehungen herstellen, mit ihnen arbeiten und sie klären soll, wird diese Problematik sehr deutlich. Leistungsdruck erfaßt Bereiche der Person des Therapeuten, die in jedem anderen Beruf davon verschont bleiben. «Ich weiß schon, daß ich da wieder moralisch mit dem Problem der Patientin umgegangen bin», sagt ein angehender Analytiker in der Supervision. «Das ist doch ungefähr das Schlimmste, was man machen kann!» Der Verzicht auf Leistungsdruck wird zur neuen Leistung.

Die psychotherapeutischen Werkzeuge zur Arbeit in der Beziehungssphäre hängen mehrfach mit der Näheangst zusammen. Sie bringen die Gefahr mit sich, daß die Menschen durch ihre Anwendung nicht ihr Leistungsbewußtsein auflösen, sondern erweitern. Dadurch schreiben sie ihre Störung fest und

* S. Freud, Neue Folge der Vorlesungen zur Einführung in die Psychoanalyse, Ges. W. XV, S. 86.

bringen sie auf ein Begriffssystem, das eindrucksvoll und unangreifbar scheint. Statt etwas zu lassen, wird etwas gemacht. In diese Richtung zu denken und zu gehen scheint dem näheängstlichen Menschen immer besser, als zurückzukehren in seine innere Wildnis, die er sich durch seine Kultivierungsversuche zum Feind gemacht hat. Der Therapeut glaubt oft, Macht über diese Wege zu gewinnen. Aber er verfügt nicht über sie. Er kann allenfalls Menschen, die noch unsicherer sind als er, von dieser Macht überzeugen. Jede Macht korrumpiert, auch diese. Der Therapeut ist wie jener Scheinriese, den Michael Ende beschrieben hat: Von ferne ungeheuer groß und eindrucksvoll; aus der Nähe klein und schmächtig. Wenn man ihn an der Riesenerwartung mißt, zu deren Entstehen er durch die Vermarktung seiner Fertigkeiten beigetragen hat, wird der Psychotherapeut zu einer armseligen Gestalt, in kümmerliche Theoriefetzen gekleidet und unfähig, auch nur eines der Probleme für sich selbst zu lösen, deren Bewältigung er verspricht. Das ist kein beschämendes Bild, wenn wir es ohne Macht- und Leistungsanspruch betrachten. Viele Menschen, die heute etwas Lebendiges bewahren und an seinem Wachstum teilnehmen wollen, finden sich in dieser Lage.

14 Näheangst und gesellschaftliche Entwicklung

Eine Gesellschaft Stachelschweine drängte sich an einem kalten Wintertage recht nahe zusammen, um durch die gegenseitige Wärme sich vor dem Erfrieren zu schützen. Jedoch bald empfanden sie die gegenseitigen Stacheln, welches sie dann wieder voneinander entfernte. Wenn nun das Bedürfnis nach Erwärmung sie wieder näher zusammenbrachte, wiederholte sich jenes zweite Übel, so daß sie zwischen beiden Leiden hin- und hergeworfen wurden, bis sie eine mäßige Entfernung herausgefunden hatten, in der sie es am besten aushalten konnten.

Arthur Schopenhauer *

Die menschlichen Beziehungen sind nicht deshalb in den Mittelpunkt unserer Aufmerksamkeit gerückt, weil sie der suchend schweifende Blick des Forschers entdeckt hat. Ihre emotionalen Grundlagen wurden untersucht, weil sich Mängel und Schwierigkeiten bemerkbar machten. Dieser bisher unbemerkte Mörtel der wohlgeplanten und eindrucksvollen sozialen Gebäude wurde bröckelig, als hätte ihn ein betrügerischer

* Parerga und Paralipomena II. Teil, XXXI, Gleichnisse

Baumeister gemischt. Die heutigen Stadtpferde verhungern nicht mehr. Sie werden durch Kraftfutter und Training aufgebaut, solange sie Höchstleistungen bringen, und nachher zur Tierkörperverwertung gebracht.

Der Vergleich hinkt. Es ist leichter, mit einem Pferd zweckrational umzugehen als mit einem Menschen. Zwar mag das Pferd genauso unglücklich darüber sein, aber es spricht nicht. Wir können uns von seinem Elend abgrenzen, besser als von dem neurotischen Elend, das zu Freuds Zeit so unübersehbar wurde, daß es die Familien nicht mehr bewältigen konnten. Die Geburt eines Fachmanns für emotional befreiende Gespräche bezeichnet einen gesellschaftlichen Wandel, den Georg Simmel* als Wechsel von der «Gemeinschaft» zur «Gesellschaft» beschrieben hat. Die Beschäftigung mit emotionalen Problemen ist erst durch die gesellschaftliche Gefühlsunterdrückung zu einer Sonderaufgabe geworden. Sie brauchte die Legitimation eines anerkannten Berufs, sie mußte Arbeit sein, um stattzufinden. So fügt sich die Entwicklung der Psychoanalyse in die Entwicklung der Industriegesellschaft, die Simmel unter die Grundsätze der Individualisierung und Funktionalisierung stellt.

Durch sie verändern sich auch die Gefühlsbeziehungen. Je größer und vielfältiger die gesellschaftliche Arbeitsteilung wird, desto beweglicher müssen die Bausteine dieses Systems sein. Die Menschen gewinnen Freiheit. Sie können sich in viele Richtungen bewegen, sich aus herkömmlichen Beziehungen lösen und aus der breiten Palette gesellschaftlich notwendiger Leistungen eine auswählen, die ihnen gefällt. Aber der Preis für diese Entwicklung ist hoch, obwohl er zunächst hinter dem Freiheitsgewinn verschwindet. Das befreite Individuum verliert seinen Rückhalt, sein emotionales Netz. Es muß sich wie

* G. Simmel, Schriften zur Soziologie. Hg. v. H.-J. Dahme und O. Rammstedt, Frankfurt (Suhrkamp) 1983.

ein Bauer auf dem Schachbrett industrieller Bedürfnisse verschieben lassen. Es kann nicht mehr zurück.

Die drückende Enge familiärer und dörflicher Bindungen ist aufgelöst. Da entdeckt man, wieviel Halt sie den Kranken und den alten Menschen gegeben hat. Sozial- und Medizinbürokratien sollen den Verlust ersetzen. Sie wirken lückenhaft, kalt. Keiner will die neuerworbene Freiheit aufgeben. Aber allmählich verliert die Illusion an Kraft, daß eine bessere Ausbildung der Sozialarbeiter oder die Weiterentwicklung der Medizintechnik die verlorene Gemeinschaft ersetzen könne.

Der Held der Freiheit ist jung, gesund und leistungsfähig. Alte, Kranke und Untüchtige sind ein gesellschaftliches Problem, das mit den Mitteln «gelöst» werden soll, die auch den industriellen Produktionsprozeß beherrschen. Da diese drei Schattenseiten des befreiten Menschendaseins jedoch nicht bewältigt werden können wie andere technische Probleme, geraten die Helfer zunehmend unter Kritik. Zu lange haben sie behauptet, sie könnten wirksame Mittel anbieten, und haben Altersheime, Krankenhäuser und Psychopharmaka verkauft. Wenn es noch mehr arbeitslose Ärzte und Rechtsanwälte gibt, wird sich vielleicht in allen Industrieländern die Situation ausbreiten, die heute erst in den «erfolgreichsten» besteht: daß der Anwalt manchmal vor dem Eingang zur Klinik wartet und die entlassenen Patienten befragt, ob sie nicht dem Arzt einen Kunstfehlerprozeß machen wollen, weil die von ihm vorgenommene Behandlung nicht notwendig oder erfolglos war.

Wegen der bereits beschriebenen Unfähigkeit zur Trauer in den Industriegesellschaften ist es schwierig, sich mit solchen Überlegungen verständlich zu machen. Die romantische Überhöhung der guten alten Zeit, der frühen Gemeinden und Gemeinschaften, endlich des Lebens als Jäger und Sammler im stabilen ökologischen Gleichgewicht ist verführerisch. Sie spiegelt vor, die Menschen hätten früher Probleme «gelöst», die wir heute nicht mehr bewältigen können. Aber tatsächlich haben sie nur mit diesen Problemen gelebt. Sie konnten es, weil ihre Macht geringer und ihre äußeren Umstände günstiger waren. Nichts spricht dafür, daß sie mehr Einsicht und Weisheit besaßen. Sie waren bescheidener, weil sie es sein mußten. Wie Kinder haben wir mit der Industrialisierung gespielt und merken nun, daß sie bitterer Ernst ist. Wie Kinder spielen wir heute mit Atomkraftwerken und Wasserstoffbomben und glauben ebenfalls nicht, daß es einen Ernstfall geben wird.

Enge, Dichte und Nähe der Gefühlsbeziehungen bedeuten auch Fessel und Kontrolle. Wo selbstverständlich ist, daß man füreinander da ist, gibt es auch keinen Raum mehr, den niemand unaufgefordert betreten kann. Wo Gemeinschaft und Gesellschaft binnen einer Generation aufeinanderprallen, wie in vielen «Entwicklungsländern», führt das zu grotesken Szenen. Städtische Kleinfamilien verstecken sich vor ihren ländlichen Verwandten, denen es noch selbstverständlich ist, sich mit Kind und Kegel in eine Zwei-Zimmer-Wohnung einzuladen.

Das neue Netzwerk läßt sich nach einem Ausdruck von Mark Granovetter* als die «Stärke schwacher Bindungen» beschreiben. Wenn man selbst niemanden außer einem anonymen Fachmann hat, an den man sich mit Schwäche und Leid wenden kann, dann will man wenigstens auch von keinem anderen mit diesen Dingen behelligt werden. Man baut sein eigenes Netz. Weil man es *bauen* muß, ist es auch ein Ausdruck der eigenen Stärken, nicht der eigenen Schwächen. Lose Verknüpfungen, Verabredungen, die für einen Abend getroffen werden, Kneipen, in denen man den Freund oder die Freundin mit einiger Wahrscheinlichkeit trifft – das ist der Spielraum, in dem sich näheängstliche Menschen noch am wohlsten fühlen. Ständig auf der Suche nach dem «richtigen» Partner, der die verlorene Geborgenheit geben soll, möchten sie doch alle Flucht-

* M. Granovetter, The strength of weak ties. In: American J. of Sociology 78, 1973, S. 1360–1380.

wege offenhalten. Wenn man die geheime Maßlosigkeit der eigenen Wünsche bei irgendeinem anderen wiederfände – es wäre schrecklich. Daher wird jede Verpflichtung vermieden. Man lernt, cool zu wirken. Jeder Hinweis auf Abhängigkeit ist verdächtig. Je drängender die Bitte um ein Wiedersehen, desto weniger wahrscheinlich findet es statt. Die Beziehungen werden jeden Tag neu ausgehandelt. Das schafft Freiräume, die ihren eigenen Reiz haben. Der Preis für sie ist hoch: Man lebt in einer dauernden Ungewißheit, und kann sich nur in diese anstrengende Kontaktwelt wagen, wenn man «gut drauf» ist.

So mag die Sehnsucht nach einer Vergangenheit wachsen, in der die Beziehungen noch einfach waren. Ebenfalls wächst die Nachfrage nach verläßlich begrenzbaren Kontakten. Heiratsanzeigen sind eine Fundgrube für Hinweise auf diese Situation. Wie viele erfolgreiche, tüchtige, sportliche, geistig interessierte Menschen wollen endlich jemand haben, mit dem sie ihre sonst verborgene Schwäche und Bedürftigkeit teilen können! Sie wissen nichts anderes zu tun, als jemanden zu suchen, der genauso ist wie sie. Den liebevollen Gefühlen, von denen doch alles abhängt, wird gar nichts zugetraut. Sie können nicht einmal die kleinste Abweichung vom Nähe-Zwilling und Spiegelbild überbrücken. Weil er so ähnlich ist, muß man die Abhängigkeit nicht fürchten. Sie wird ja bei beiden genau gleich sein. Was man fordert, fordert man nicht aus Angst, sondern «aus Paritätsgründen». Die Beziehungen sind nicht durch einen emotionalen Rahmen geordnet, der die Verschiedenheit der Partner umschließt. Sie drücken die Vereinzelung der beteiligten Personen aus, die Leistungsbilanzen vergleichen und aus ihrer Übereinstimmung jene Geborgenheit gewinnen wollen, die gerade durch diese Funktionalisierung zerstört wird.

Wir haben den Zauberlehrling als Fabel der Industriegesellschaft angesprochen. Sie wird die Geister nicht los, die sie rief, und erschrickt vor den Folgen ihrer eigenen Macht, um die sie mit soviel Anstrengung rang. In der Näheangst wird eine solche Entwicklung in einem bisher wenig beachteten Bereich deutlich. Die elterliche Familie ist für viele Menschen der Ort, wo sie nicht verstanden, sondern benutzt, auf ihre Anpassungs- und Leistungsfähigkeit eingeengt wurden. Daher soll der Lebens- und Liebespartner eine ganz neue Welt erschließen, viel besser als die, aus der man kommt. Aber der Zwang, es um jeden Preis besser zu machen als die Eltern, kettet an diese. Weil die Ehe der Eltern als unerträglich erlebt wurde, wächst der Anspruch an die eigene Ehe ins Unerfüllbare. So stehen die Beziehungs-Zauberlehrlinge erschreckt vor dem Trümmerhaufen, den ihr unschuldiges Streben nach einer «wirklich guten» Beziehung immer wieder herbeihext. So unvorstellbar es uns geworden ist, daß Vater und Mutter den Partner aussuchen, so wenig werden wir mit der Freiheit fertig, eine Ehe selbst auszuhandeln. Gerade für die symbiotische Partnerschaft, den Gegenpol der Näheangst, ist die Kampfgemeinschaft gegen die Herkunftsfamilien kennzeichnend.

> Weil der Vater roh und rücksichtslos aus dem Krieg zurückkam, will der Sohn immer liebevoll und kontrolliert mit Frauen umgehen. Er spürt vor lauter Rücksichtnahme gar nicht mehr, ob er seine Frau liebt, und zieht sich immer öfter in seine Arbeit zurück, weil er sich von der Beziehung überfordert fühlt.

Gibt es Auswege aus diesem Dilemma? Ich kann hier kein Mittel anbieten, das ohne Gefahr und Trauer ist. Die Angst vor Nähe hängt damit zusammen, daß reale Wärme gemieden wird, weil ein passives, übermächtig erlebtes und auf *ein* idealisiertes Individuum gerichtetes Bedürfnis nach Geborgenheit besteht. Die in der Studentenrevolution und Hippie-Bewegung entstandenen Vorstellungen über gemeinschaftliche Lebensformen setzen hier an. Ein isoliertes Paar kann oft nur wenig Gegenkräfte gegen die Erosion der Gefühlsbeziehungen aufbringen. Widerstandsfähiger scheint eine Gruppe zu sein, die sich in Paare ausdifferenziert, nicht ein Nebeneinander von Paaren und Einzelpersonen, die in einer anonymen Masse herumschwimmen. Andererseits sind die frühen Versuche der Kommunen gescheitert, das Paar aufzulösen. Sie haben neuen Terror und neuen Leistungsdruck hervorgerufen.

Es ist sicherlich leichter, als Paar zu leben, wenn der Partner keinen Anspruch erfüllen muß, alle Nähe und Wärme in einer sonst feindlichen Welt zu geben. Das Netzwerk der Initiativ- und Selbsthilfegruppen* bietet Entfaltungsmöglichkeiten, die aus der Sackgasse einer immer wieder scheiternden Suche nach dem «richtigen Lebenspartner» herausführen. Diese Entfaltungsmöglichkeiten der Alternativ-Bewegungen lassen sich mit Ebbe und Flut, Land und Meer vergleichen. Immer wieder werden die von Leistungsprinzipien und Marktdenken befreiten Gebiete angenagt und scheinen dem Meer der Industriegesellschaft zum Opfer zu fallen. Dadurch entstehen aber anderswo andere Gegenbewegungen. Der Überblick wird noch dadurch erschwert, daß der Landgewinn bei Ebbe beträchtlich größer erscheint als bei Flut. Erst allmählich gewinnen wir ein Augenmaß dafür, worauf wir Fuß fassen können und wo wir mitschwimmen müssen.

Ersatz für Nähe

Wir sind vom Stadtpferd ausgegangen, das haferfrei arbeiten sollte. Es schien ein Fortschritt in der Befreiung menschlicher Bedürfnisse, wenn Männer wie Freud zeigten, daß die Unterdrückung der Gefühlswelt schädlich ist. Die achtzig Jahre, die seither vergangen sind, haben gezeigt, daß die Einsichten der Psychologie nicht über eine mehr oder weniger gründliche Be-

* Viele Hinweise und Adressen gibt hier Michael Lukas Moeller, Selbsthilfegruppen, Reinbek (Rowohlt) 1978.

handlung von Symptomen hinausreichen. Sie haben keine Wirkung entfalten können, welche die Ursachen der seelischen Schwierigkeiten in der Industriegesellschaft vermindert. Immer neue Patentlösungen und strahlende Therapiemodelle werden veröffentlicht. Sie erreichen selten die theoretische Brillanz, oft nicht einmal die therapeutische Wirksamkeit der Psychoanalyse – und diese ist gering genug. Die neuen Erfindungen haben den Vorteil, daß sie neu sind und deshalb noch nicht mit jener Last an unerfüllten Hoffnungen und versagten Heilserwartungen beladen, die jede wohletablierte Form der Psychotherapie mit sich schleppt wie die Heuchler in Dantes Unterwelt ihre bleiernen Kutten.

Wie wird es weitergehen? Die wohl nicht unwahrscheinlichen «Lösungen» des Atomkriegs oder der Umweltkatastrophen lassen wir hier außer acht. Sie würden dazu führen, daß die Überlebenden ihre Angst vor Nähe vergessen und sich aneinanderdrängen, wie es schon früher in Kriegs- und Katastrophenzeiten der Fall war. Im anderen Fall werden die Industriegesellschaften unter einer Dauerkrise ihren Überlebensversuch antreten. Die politischen Gegensätze dürften sich steigern. Die Widersprüche sind so groß geworden, daß kein Politiker von einem Verschleiß seines Ansehens verschont bleibt, wenn er einmal Macht gewonnen hat. Wer Karriere machen will, muß lernen, auch seine emotionalen Fertigkeiten zielgerichtet in den Dienst der geforderten Leistung zu stellen. Diesem Erfolgstyp steht eine wachsende Zahl von Aussteigern gegenüber. Die Arbeitslosigkeit auf ihrer Seite wächst parallel zur Aufgabenfülle der Macher.

Erst wenn beide nicht mehr in einer immer tiefer werdenden Spaltung auseinanderdriften, sondern gemeinsame Freiräume entdecken und besiedeln, kann sich das Industriesystem verändern. Immer noch zehrt es von den bürgerlichen Tugenden und Lastern, von Fleiß und Faulheit. Es geht nicht mehr an, unmenschlich zu arbeiten und sich dann im menschlich gebliebenen Schutzraum der Gefühlsbeziehungen zu erholen. Wer seine Gefühlsbeziehungen retten will, muß Räume für ihr Überleben finden. Warum nicht zum Angriff übergehen, Einfluß auf die Arbeitswelt nehmen? Wenn dieser wirksam sein soll, wird er weit über eine produktionssteigernde Humanisierung hinausgehen. Die Strukturen müssen sich ändern. Die «Lösung», durch wachsenden Druck auf die intimen Beziehungen die seelischen Schäden in der Industriewelt aufzufangen, kann nur zu einer Verschärfung der Schwierigkeiten führen. Eine wirkliche Lösung geht in eine andere Richtung: Sie entlastet die Gefühlsbeziehungen und fordert eine Selbstbegrenzung der Leistungsforderungen, der technischen Perfektionierung, des blinden Produktionswachstums.

Die Lösungen, welche die bisherige Logik der Industriegesellschaft bietet, sind gefährlich genug. Wenn sich das Kabel- und Satellitenfernsehen durchsetzen, ist für Paare, die sich nichts zu sagen haben, sicherlich immer auf irgendeinem Kanal ein schöner Liebesfilm. Die pharmazeutische Industrie wird neue Mittel entwickeln, um Ängste oder Depressionen zu bekämpfen, die durch die Flucht vor der Trauer entstehen. Bereits heute zählen Beruhigungs- und Schlafmittel zu den am meisten verschriebenen Medikamenten. Wer sich bei einem anderen Menschen geborgen fühlt, braucht in der Regel keine Schlafmittel oder Tranquilizer. Psychopharmaka sind der entwicklungsträchtigste Teil des «Heil»mittelmarktes. Wie jüngst bekannt wurde, erhielten im Jahre 1980 Kinder bis zu elf Jahren in der Bundesrepublik fast eine Million Rezepte über Beruhigungsmittel, vor allem, um besser lernen zu können.* Etwa ein Drittel der insgesamt 700 Millionen einzelner Medikamente, die pro Jahr verschrieben werden, sind Psychophar-

* Die Angaben über Psychopharmaka-Rezepte an Kinder stammen von dem nordrhein-westfälischen Gesundheitsminister Friedhelm Farthmann (Süddeutsche Zeitung Nr. 73/1984, S. 5).

maka. Das sind pro Kopf der Bevölkerung, Säuglinge und Greise mitgerechnet, mindestens drei Verordnungen pro Jahr.

Es geht mir nicht um eine abstrakte Anklage gegen «die Gesellschaft», die das Individuum in vorwurfsvoller Passivität festhält und ihm keine realistischen Schritte für eine Veränderung zeigen kann. Gerade weil sie über solche Anklagen hinaus das einzelne Schicksal genau verfolgt und neue Orientierungsmöglichkeiten erschließt, ist mir die psychotherapeutische Arbeit wichtig. Sie erspart sich sinnlose Riesenerwartungen, wenn sie die Macht der Strömungen erkennt, gegen die ankämpfen muß, wer sich in einer von (Psycho-)Technik bestimmten Umwelt Nähe erhalten will. Die Psychoanalytiker werden mich vielleicht nicht ernst nehmen, weil ich zuviel über die Gesellschaft nachdenke, und die Soziologen nicht, weil ich letztlich doch ein Analytiker bleibe. Ich finde diesen Platz zwischen den Stühlen gelegentlich beschwerlich und freue mich über jeden, der sich – und wenn auch nur probeweise – dazusetzt.

Dieser Blick aus der Lage zwischen den Stühlen ermöglicht auch Hinweise auf den Beitrag der Menschenwissenschaften zu einer Veränderung. Dieser Ausdruck, der dem englischen *humanities* (als Gegensatz zu *science*) entspricht, verdeutlicht einen Kontakt, der durch die positivistischen Mäntel oft verschleiert wird, die sich Psychologie und Soziologie umhängen. Es genügt nicht, die Folgen der Industrialisierung zu erforschen und die Menschen mit Hilfe neuentwickelter Lerntechniken an eine naturzerstörende Lebensform anzupassen. Das ist ein Zerrbild einer von lebensfeindlichen Einflüssen bereits zum Teil bestimmten Medizin, die wiederum droht, die Psychotherapie zu vereinnahmen. Die Gegenkräfte wachsen langsam, weil sie keinen Gewinn an Macht und keine materiellen Versprechungen machen können, die den Illusionen vergleichbar sind, die von der industriellen Revolution geschaffen wurden: Beherrschung der Natur, Glück für alle, Beseitigung von Ausbeutung, Ohnmacht und Trauer. Menschenwissenschaften fehlen uns bitter, denen am realen Wohl konkreter Personen liegt, nicht an einem Machtgewinn um seiner selbst willen, der dann die Zukunft zu ordnen verspricht. Wo sie in Ansätzen vorhanden sind, gedeihen sie in Nischen der Ausbeutung, die den industriellen Umgang mit der Natur bestimmt. Diese Nischen in ihrer Begrenztheit zu sehen und den Versuch zu machen, sie zu erweitern, ist ein Ziel der kritischen Psychoanalyse. Es gerät heute oft über eine Selbstgenügsamkeit auch der analytischen Technik in Vergessenheit.

Meine Arbeit in diesem Buch ist ein Versuch in dieser Richtung. Es geht mir nicht um mehr Planstellen für Eheberater und Psychotherapeuten, sondern um ein anderes Bewußtsein der Klienten und ihrer Helfer. Erst wenn die Experten lernen, sich selbst in Frage zu stellen, werden sie ihren Klienten und sich selbst nicht mehr die Last von Problemlösungen aufbürden, die nur durch gemeinsames Handeln möglich sind. Heute setzt sich eine wachsende Expertenfeindschaft gegen die frühere Expertengläubigkeit der Industriegesellschaft durch. Irrationalismus ist Mode geworden. Er drückt das tiefe Ungenügen an einer Vernunft aus, die Schnellstraßen durch Naturschutzgebiete plant, weil das am «billigsten» ist. Wenn heute Ärzte, Lehrer, Politiker, Anwälte, Journalisten, Pfarrer, Verwaltungsbeamte mehr und mehr auf offene Feindseligkeit stoßen, dann liegt die Versuchung nahe, mit dem Finger auf Sündenböcke zu zeigen. Die Journalisten freut es, wenn sich die Ärzte blamieren; die Lehrer werden von den Psychologen für die seelischen Schäden der Schulkinder verantwortlich gemacht. Der Experte steht vor der Wahl, sich weiter in die Festung seiner Berufsideologie zurückzuziehen («Nichtärzte können in medizinischen Fragen ohnedies nicht mitreden!») oder seinen Nimbus aufzugeben. Dann kann er gemeinsam mit seinen Schutzbefohlenen an einer Veränderung jener «Sachzwänge» arbeiten, die sonst weder er noch seine Klienten bewältigen werden. Sie können allenfalls, nicht anders als ein Paar im Symbiosekrieg, die Schuld für die fehlende Lösung hin- und herschieben («Wir würden längst nicht so viele Psychopharmaka verschreiben, wenn die Patienten sie nicht so sehr verlangten!» – «Und dann hat mich der Doktor wieder mit einem Tablettenrezept abgespeist»).

Diese Anmerkungen zur Selbstkritik der Experten sind nicht mehr als ein Tropfen auf den heißen Stein. Die Menschen, die unter dem Mangel an Nähe leiden, werden von solchen Überlegungen nicht satt. Aber vielleicht gewinnen sie mehr Mut zu ihren eigenen Gefühlen, zu der Revolte, die darin liegt, sich mit der Unvollkommenheit der eigenen Wünsche nach Nähe gegen eine Welt zu stellen, die sich selbst zu zerstören droht.

Anhang
Die Näheangst und der Märchenprinz

Anmerkungen zu ‹*Der Tod des Märchenprinzen*›* und ‹*Ich war der Märchenprinz*›**

Ein verbreiteter Mythos besagt, daß es ausschließlich und typischerweise die Männer sind, die sich vor Nähe fürchten. Stoff für diesen Mythos liefert auch das viel gelesene Buch von Svende Merian. In ihm erzählt die Autorin ihre kurze Liebesgeschichte mit einem Mann, der sich aus einem verheißungsvollen Märchenprinzen in einen kaltschnäuzigen Frosch verwandelt. Ein anonymer Autor schlüpfte in die Rolle des «frauenfeindlichen» Märchenprinzen und verfaßte eine Gegendarstellung aus männlicher Sicht, die der chaotischen Offenheit von Svende Merians Buch kalte Ironie entgegensetzt. Ich will diese Kontroverse aufgreifen und versuchen, die Themenschwerpunkte der Näheangst an ihr zu verdeutlichen.

Das Streben nach Leistung und Kontrolle

Svende schildert sich als politisch-feministisch engagierte Frau. Sie ist intensiv damit beschäftigt, «weiterzukommen». Sie sucht die richtige von der falschen Emanzipation zu unterscheiden. Ihre bisherigen Männerbeziehungen wertet sie ab. In

* Svende Merian, Der Tod des Märchenprinzen. Frauenroman. Reinbek bei Hamburg (Rowohlt) [rororo 5149] 1983.

** Arne Piewitz (Pseudonym), Ich war der Märchenprinz, Hamburg (Buntbuch-Verlag) 1983.

ihnen fand sie nicht zu ihren Gefühlen, sondern fügte sich den Wünschen der Männer. «Meine Sexualität bringt Probleme mit sich. Ganz massive Probleme. Das weiß ich. Wenn ich die Wärme und Nähe eines anderen Menschen suche, dann ist das schon etwas, was ich nicht in jeder Kneipe oder Disco finden kann. Ich meine schließlich wirkliche Nähe. Wenn ich nur mal so, ohne diese Nähe, mit jemandem schlafen würde, dann könnte ich mich tatsächlich ins Bett legen und mir meine Körperfunktionen selbst erfüllen. Ich habe kein Interesse an oberflächlichen Bumsgeschichten.»

Weil sie auf keinen Fall etwas falsch machen darf, überwacht sie den Mann genauestens, der sich auf ihre Bekanntschaftsanzeige meldet: «Linke Frau, 24, möchte gerne unmännliche Männer, gerne jünger, kennenlernen.» Der ersehnte Mann läßt sich nicht mit Eigenschaften beschreiben, nur mit Verneinungen.

Immer wieder werden die zärtlichen Gefühle Svendes und Arnes von Diskussionen unterbrochen, wer jetzt welche Leistungen bringen muß, gebracht hat, eigentlich bringen sollte. Die Verhütung wird auf diese Weise sofort zum Problem. «Nimmst du die Pille?» fragt sie und ist sauer, daß er nicht das Plakat an der Wand gelesen und sie von sich aus gefragt hat. Als er verneint, sagt Svende «freundlich, aber bestimmt: ‹Ja, ich auch nicht!›»

Arne hat sich noch nicht genügend mit der Frauenfrage beschäftigt. Das wird ihm oft vorgehalten. Arne hört sich auch an, daß jeder Mann frauenfeindlich ist. Es reicht nicht, wenn er sich passiv hinsetzt und keine frauenfeindlichen Verhaltensweisen mehr haben will, sagt ihm Svende. Er muß sich aktiv auseinandersetzen. Andererseits hat Svende Angst, daß sie in der Beziehung der «weniger radikale, weniger mutige Teil» sein könnte. Svendes Leistungsorientierung äußert sich in ihrer Abwertung von Frauen, die weniger bewußt und emanzipiert sind als sie. Hier setzt sich die frühe Abwertung Gleichaltriger fort. «Schließlich war ich auch mal jung und ziemlich unfertig. Hab mich bestimmt auch pubertär verhalten. Nur eben nicht mehr ganz so wie die gleichaltrigen Typen. Deshalb konnte ich immer nur mit Älteren was anfangen. Wenn ich wirklich mal 'n Gleichaltrigen hatte, fand ich den immer nach ganz kurzer Zeit uninteressant.»

Die Sehnsucht nach Gleichheit

Die Selbstverwirklichung Svendes will über Grenzen hinaus, die nur als Unterdrückung erlebte Beziehungen ihr auferlegen. Splitter von ähnlichen Einstellungen (etwa «politische Auseinandersetzung in einer Beziehung ist nötig wie Brot und Wasser») will sie zu Gesetzen erheben, die für Arne genauso gelten wie für sie. Ob er als von ihr verschiedene, abgegrenzte Person auch Lust zu solchen Auseinandersetzungen hat, ist Svende unwichtig. Er muß sie eben genau dann haben, wenn sie es braucht. Schließlich hat er es versprochen. («Als Arne wiederkommt, sage ich ihm, daß ich ein Papier zu meiner politischen Perspektive geschrieben habe. Daß ich mit ihm darüber diskutieren möchte. In unseren ersten Diskussionen haben wir viel darüber gesprochen, daß ich nach einem politischen Arbeitsfeld suche. Jetzt reagiert er überhaupt nicht. Fragt mich nicht einmal nach dem Papier. Vergißt, daß ich mit ihm darüber reden möchte.»)

Jede Meinungsverschiedenheit ist bedrohlich. Aber kann ein Mann Svende überhaupt verstehen? Arne müßte genau dasselbe erlebt haben und erleben wie sie. Nur diese Form von «Verständnis» ist glaubwürdig. Daher auch die Suche nach dem «unmännlichen Mann». Positiv ausgedrückt wäre das ein weiblicher Mann. Analytisch formuliert: die androgyne Mutter, mit der das Kind verschmelzen will, aber auch zu verschmelzen fürchtet. Angesichts des Scheiterns dieser Sehnsucht, die nur in der körperlichen Vereinigung für kurze Zeit erfüllbar ist, entsteht Wut. «Ich werde wütend, weil aus dem, was er sagt, hervorgeht, daß er überhaupt nicht im Kopf hat, was es für eine Frau heißt, jahrelang als Sexualobjekt benutzt zu werden. Daß er es auf das Problem reduziert, daß eine(r) von beiden halt mehr Gefühl investiert und daß das ebensogut der Mann sein kann. ‹Es ist aber in der Regel nicht der Mann›, versuche ich ihm zu verklickern. Er hat scheinbar das Gefühl, daß ich es nicht ernst nehme, daß er als ganz individuelles Individuum da wohl auch schmerzhafte Erfahrungen gemacht hat. Das nehme ich ihm ja ab. Und trotzdem schnallt er nicht, was sexuelle Unterdrückung heißt. Was ‹sexuelle Ausbeutung am eigenen Leib erfahren› heißt. Welch klebrigen Ekel das hinterläßt. Daß Frauen hierbei noch was ganz anderes, viel schlimmeres erfahren wie Männer.»

Svende wird wütend, weil Arne nicht dieselben Erfahrungen hat wie sie und deshalb auch nicht die gleichen Urteile. Sie möchte mit ihm darüber einig sein, daß Frauen allgemein «mehr investieren». Das mag soziologisch stimmen, ist aber ein unpersönliches Argument. Fürchtet sie selbst, zuviel zu geben? Er kann ihre gesetzgeberischen Vorschläge nicht verstehen. Sie kann über ihre Angst nicht sprechen. Wie die ideale Mutter soll er in der Lage sein, das Kind auch vor sich selbst zu schützen. Aber die persönliche Ebene der Beziehung wird immer wieder verlassen. Arne soll bescheiden zugeben, daß er nur als «ganz individuelles Individuum» Erfahrungen gemacht hat, während Svende *weiß*, daß Frauen hier als Hälfte der Menschheit «viel schlimmeres erfahren wie Männer».

Die Sisterhood, die Gesamtheit der Frauen ist die gute Mutter. Doch sie bleibt abstrakt, bietet keine reale Beziehung. Der Mann Arne ist ein lebendiges Individuum. Doch müßte er die gesamte Frauenbewegung in sich aufgenommen haben, um die ersehnte Geborgenheit zu geben. Es gibt kein Vertrauen in ein liebevolles Gefühl, das diese unausweichlichen Verschiedenheiten bestehen lassen und überbrücken kann. Svende sehnt sich nach einem Mann, der gleichzeitig eine Frau ist, so mächtig und einfühlend, daß er eine jahrelange Geschichte von Demütigung ungeschehen machen kann. «Die Sprache versagt angesichts des Problems, einem Mann zu vermitteln, was eine Frau empfindet. Schlimm genug, die Benutzung meines Körpers jahrelang ertragen zu haben. Schlimmer noch, diesen Abgrund an Ekelgefühlen jetzt nicht einmal in Worten verpackt zwei Meter weit zu einem Männerkopf schicken zu können.»

Der Mann sollte die symbiotische Einheit herstellen, alle Gefühle teilen und dadurch Svendes Schmerz erleichtern. Deshalb bleibt Arne auch als Person so blaß. Gleichzeitig wäre eine solche Preisgabe ohne die Bewahrung von Kontrolle und (Über-)Macht gefährlich. Deshalb muß immer wieder die in der körperlichen Liebe erlebte Nähe durch die Diskussion über die gemeinsamen (und nicht gemeinsamen) Werte aufgehoben werden. Die umfassend verständnisvolle, alles teilende, ständig bereite Mutter muß doch durch größte Anstrengung geschaffen werden können! In vielen Wiederholungen drückt Svende aus: Es kann doch gar nicht sein, es darf nicht sein, daß der Mann, mit dem ich mich endlich sexuell verstehe, nicht in allen Dingen mit mir übereinstimmt! «Erst als ich Arne kennenlerne, stelle ich fest, daß plötzlich alles geht, was ich schön finde. Und daß es von alleine geht ... Genau die gleiche Zärtlichkeit. Ohne daß ich ein Wort zu sagen brauche. Und ausgerechnet mit diesem Mann sitze ich jetzt hier und kann ihm nicht vermitteln, was sexuelle Ausbeutung heißt. Er sagt, daß Männer genauso für eine Nacht benutzt werden können, und guckt Tagesschau.» Längst weiß Svende, daß der reale Arne hier anderer Meinung ist als sie. Aber der Märchenprinz darf es nicht sein. Und wenn sie sich besonders anstrengt, besonders viele und gute Argumente bringt, dann wird sie es vielleicht doch noch schaffen!

Die Angst vor Verschiedenheit

«Meine Gefühle sind zwar noch dieselben, aber vor zwei Monaten waren da immer noch Sachen, die ich noch nicht ausprobiert hatte», zieht Svende am Schluß ihres Berichts Bilanz. «Immer noch Sachen, von denen ich erhofft hatte: wenn ich ihm das jetzt sage, dann reagiert er vielleicht. Das ist etwas ganz Neues, was er von mir noch nicht gehört hat! Jetzt hat er den Ordner. Es gibt nichts Neues mehr, da steht alles drin. Alles. – Mehr kann ich ihm nicht sagen. Wenn er darauf nicht reagiert, dann weiß ich auch nichts mehr ... Und es hat so lange gedauert, weil von Arne nichts gekommen ist. Er hat mir eine ganz wichtige Möglichkeit genommen, sich mit unserer Beziehung auseinanderzusetzen, indem er nichts gesagt hat.»

Der Kampf um das Spiegel-Objekt wird nicht durch Einsicht, sondern durch Erschöpfung beendet. «Arne braucht eigentlich eine Therapie», sagt Svende zwei Seiten vorher. Vielleicht kann der Therapeut die Gleichheit herstellen, die Svende entwirft, indem sie ihre Gefühle erschöpfend darstellt. Arne bleibt Baumaterial. Seine persönlichen Eigenschaften sind nicht liebenswert, sondern «Ausgangsbedingungen» für den Mann, der geschaffen werden soll. Weil er so anders ist, als Svende ihn haben will, so verschieden von ihr, ist er ein Feind – nicht nur ihr Feind, sondern ein Frauenfeind schlechthin. Die Suche nach Gleichheit, nach der erlösenden gemeinsamen Norm führt oft zur Suche nach Bundesgenossen, realen und vorgestellten. Svende sucht die Nähe der früheren Freundin von Arne. Sie hält ihm entgegen, daß sie mit vielen anderen Menschen keine solchen Kommunikationsprobleme hat wie mit ihm. Allerdings sieht sie nicht, daß sie diese Menschen auch nicht anders haben will. Mit einem Menschen gleichzeitig zu kommunizieren und ihn zu verändern ist ebenso unmöglich, wie mit einem Radioempfänger, dessen Schaltungen man gerade umsteckt, Sendungen klar zu empfangen.

So klappern Svendes Vorwürfe und Umbaupläne zu Boden wie Münzen, die dem Bettler zu gering sind, der sie auffangen sollte. Für Svende sind es wertvolle Gaben, für Arne leere Formeln, Spielgeld. Beide können sich auf keinen Umtauschkurs einigen. Jeder meint, in die Beziehung «investiert» zu haben. Aber über die unterschiedlichen Auffassungen des Wertes dieser Investitionen ist keine Verständigung möglich, obwohl Svende wortreich (und Arne wortkarg, aber willig) Bedürfnisse nach «Beziehung» und «Auseinandersetzung» beteuern.

«Er ist gar nicht in der Lage, sich mit einem anderen Menschen so auseinanderzusetzen, daß eine intensive Beziehung daraus werden kann», folgert Svende. «Er hat sich weder mit Anke noch mit Sabine, noch mit mir als umfassende Persönlichkeit auseinandergesetzt. Und das ist doch die Grundlage jeder intensiven Beziehung.» Der Schrei nach der Symbiose verhallt. Das Scheitern wird, als Leistungsversagen erlebt, auf den unfähigen, ahnungslosen Partner hinausverlegt. Svende sieht nicht, wie sie ihren eigenen Schwerpunkt verliert und in unerschöpflichen Wiederholungen ihrerseits keineswegs über Arnes «umfassende Persönlichkeit» nachdenkt, sondern darüber, weshalb er nicht als Erweiterung ihrer eigenen Person funktioniert. Wo Gleichheit zum Ideal gemacht wird, geht es um alles oder nichts. «Was nützt es mir, wenn ich mich zwar in der Sexualität mit ihm wohl fühle, aber auf allen anderen Ebenen gegen seine Ignoranz und Unsensibilität ankämpfen muß?»

In Verena Stefans autobiographischer Erzählung ‹*Häutungen*›* wird die Überanpassung an die männliche Sexualität ähnlich wie bei Svende Merian beschrieben. Die Lösung ist anders. Nur gleichgeschlechtliche Beziehungen sind frei von ver-

* München (Frauenbuch-Verlag) 1975: «Ich erfahre etwas über mich selber, wenn ich mit einer anderen Frau zusammen bin. Mit einem Mann erfahre ich nur, daß ich anders bin und daß mein Körper für ihn da sein soll ...» (S. 84).

derblichen Verschiedenheiten, von dem Widerspruch, die Männer zu verändern, um symbiotische Harmonie zu erreichen. Svende gesteht, daß sie in ihren Konflikten die Lesben beneidet: «Die sind den Ärger los. Haben ihre Kraft für sich selber.» Aber sie ist nun mal nicht lesbisch, sie will mit Männern zu tun haben «und trotzdem ihre Kraft in erster Linie für ihre Selbstverwirklichung haben. Das muß doch zu machen sein!»

Svende glaubt bereit zu sein, ganz viel für Arne zu tun – «daß der Dussel einfach nur noch nicht begreift, wieviel Gutes ich ihm tun will. Wenn er das endlich begreifen würde, wäre ich trotz aller Einseitigkeit dazu bereit, mich mit seinen Problemen auseinanderzusetzen.» Aber will sie etwas für Arne tun? Interessiert sie sich für ihn? Liebt sie ihn als von ihr unabhängige Person? Das wird nicht deutlich. Svende ist wütend und enttäuscht, wo Arne ihrer Selbstverwirklichung nicht entspricht. Sie will ihn da nicht kennenlernen, sondern verändern. So scheitert die begrenzte Befriedigung, die sich an der Wirklichkeit eines anderen Menschen orientiert, an der Sehnsucht nach der alles umfassenden Nähe. Diese Sehnsucht ist Svendes Realität. Arne sieht diese Realität offensichtlich ebensowenig wie Svende die seine. So bleibt eine schmerzhafte, distanzierte Rest-Beziehung, die immer wieder Wunden aufreißt und in der gerade das fehlt, was anfangs so schön war: die sexuelle Vereinigung.

Das zerbrechliche Bild

Durch das Streben nach symbiotischer Verschmelzung wird die Individualität des Partners gewissermaßen aufgelöst und in Baumaterial für das eigene Selbstgefühl verwandelt. Damit verliert er jedoch gleichzeitig die Festigkeit, die notwendig ist, um sich in der Beziehung geborgen zu fühlen. Das Symbol dafür ist der Vampir, der das Blut der Geliebten trinkt und sie durch diese allzu intensive Verbindung tötet, also endlich nichts mehr «von ihr hat». Volkstümlich: man sollte die Kuh nicht schlachten, von der man Milch erwartet. Gerade diese Schonung fällt Svende schwer.

Der Hintergrund dieser Szene ist im psychoanalytischen Entwicklungsmodell die Sehnsucht nach einer Mutter, die bereit ist, die unsichere, schwankende Persönlichkeit des Kindes zu verstehen und zu nähren. Wird das Kind zu sehr in dieser Sehnsucht enttäuscht, dann lassen sich die Folgen mit einem Gleichnis beschreiben, das auf den ersten Blick kraß anmutet, aber durch Träume und andere symbolische Produkte des Unbewußten bestätigt wird. Das Kind entwickelt den kannibalischen Wunsch, die Mutter aufzufressen, um sich zu entschädigen. Dabei ist es oft sehr schwierig, ja unmöglich zu entscheiden: gibt die Mutter keine Milch, weil das Kind kannibalisch zubeißt, oder beißt das Kind kannibalisch zu, weil die Mutter so wenig Milch gibt? Dieser schwer aufklärbare Bezirk hängt eng mit der gesellschaftlichen Situation von Mutter und Kind zusammen. Hat die Mutter befriedigende Lebensbedingungen, so daß sie auch etwas abgeben kann? Wie ist ihre Ehe? Wie ist die berufliche Situation des Ehemanns? Hat die Mutter Unterstützung, wird sie abgelöst, kann sie sich regenerieren? In welcher Umwelt lebt die Familie?

Die symbiotische Erwartung macht das Bild des Geliebten zerbrechlich. Jede Unbeholfenheit erinnert an die frühen Enttäuschungen und weckt Wut. «Er hätte mich doch weiterstreicheln können. *Wir* hätten doch zusammen *unser* Pessar einsetzen können ... Allmählich verliert sich meine Wut und Verzweiflung über seine Ignoranz zur Verhütungsfrage ...»

«Als Arne am nächsten Morgen vor mir aufsteht, sehe ich ihm durch die offene Schlafzimmertür zu, wie er zwischen Küche und Wohnzimmer hin- und herläuft, um den Tisch zu dekken. Zum erstenmal kommt mir ganz ernsthaft der Gedanke, ob ich nicht ganz schnell, noch heute, diese Beziehung hinter mir lassen soll ... raus hier, bevor es zu spät ist ... wenn ein Typ zu so einem elementaren Thema wie Verhütungsmittel nicht für fünf Pfennige was im Kopf hat, was hab ich dann da noch vor mir? Bei dem muß ich in der Frauenfrage ja am Punkt Null anfangen ... ich bin verliebt ... aber kann ich mich darauf einlassen??? ... Ohne mich selber aufzureiben?»

Die mangelnde Festigkeit von Svendes innerem Bild eines Geliebten zeigt sich in ihren Gefühlssprüngen, je nachdem, ob sie mit Arne zusammen oder allein ist. Mit ihm denkt sie an Trennung, verstummt, hält Verschiedenheiten nicht aus, zwingt ihm Diskussionen auf, schickt ihn nach Mitternacht in den Regen hinaus. Wenn Arne nicht mehr da ist, überfallen sie sehnsüchtige Erinnerungen. Das bißchen Naivität in Frauenfragen wird sie ihm schon abgewöhnen! So schreibt sie lange Briefe und ist bitter enttäuscht, daß er nicht richtig liest, wie sie ihn als Chauvi und Macker beschimpft, seine Lernunfähigkeit tadelt und ihm Freunde und Freundinnen als Beispiele vorstellt.

«Das einzige Problem für mich ist jetzt, daß ich unheimlich gerne mit Dir zusammen bin, aber jede Berührung mit Dir, jede Umarmung und jedes Streicheln alle notdürftig verschütteten Sehnsüchte in mir wieder aufreißt, und ich glaube, daß es für mich besser ist, Dich erst mal nicht mehr zu sehen.» So schreibt Svende schließlich. Sie fühlt sich erleichtert, sobald sie den Brief abgeschickt hat. Völlige Trennung ist leichter, als den ständigen Widerspruch zwischen ihrem Traumbild und dem alen Arne zu ertragen. In ihrer Phantasie kann Svende aus verschiedenen Szenen und Bildern von Arne ihren Märchenprinzen zusammensetzen. Der wirkliche Arne bringt ihr Puzzle durcheinander. Er versteht es nicht und will auch nicht über sein eigenes Puzzle reden. Er tut so, als hätte er keines.

Läge Arne daran, seinerseits Svende als Material für *seine* Phantasie von einer Märchenprinzessin zu verwenden, dann braucht es nicht viel Sehergabe, um sich ein äußerst zänkisches Paar vorzustellen. Arne hat in bezug auf seine symbiotischen Wünsche anscheinend resigniert, aber vor einer Liebesbeziehung weicht er genauso zurück. Er läßt Svende machen, aber er geht nicht liebevoll mit ihr um. Ebensowenig wie sie versucht er nicht, sich liebevoll abzugrenzen.

Sein Verhalten paßt zu ihrem wie das Schloß zum Schlüssel. Er zieht sich in Unklarheit zurück, wo sie mit ihrem radikalen Theoretisieren vorwärts marschiert. Svende hat es nicht verdient, daß er sich wehrlos ihre Universalansprüche gefallen läßt. Er macht es ihr recht, solange er es aushält, und verschwindet dann. Vielleicht glaubt er sogar, dadurch etwas Gutes zu tun – soviel er eben kann. Vielleicht will er etwas Liebevolles ausdrükken. Aber weil er sich nicht auf ein festes inneres Bild einer Geliebten verlassen kann (und daran ist er ebensowenig «schuld» wie Svende), wird er sich auch nicht gegen die Übergriffe Svendes wehren können, die seine Gefühle zerstören.

Die vermiedene Trauer

«Ich will mich nicht als besonders emanzipiert profilieren. Ich will andere Frauen, die sich noch nicht so intensiv mit ihrer Unterdrückung auseinandergesetzt haben, nicht als unemanzipiert abstempeln.» Wie kommt Svende darauf, diesen Verdacht zu entkräften, wenn sie nicht den Emanzipationswettbewerb tief in sich trägt? Sie will ihn nicht und beschwört ihn doch. Immerhin hat sie sich «intensiv mit ihrer Unterdrückung auseinandergesetzt». Es muß alles zu etwas gut und nütze sein, verwertbar wenigstens als intensive Auseinandersetzung mit anschließendem Lernfortschritt.

Svende versucht, mit solchen Argumenten ihre Trauer zu vermeiden, sie zu bekämpfen. Sie macht sich klar, daß sie Arne eigentlich nie wollte. Schon nach drei Tagen hätte sie sich trennen müssen. Sie hätte nicht soviel Kraft aufwenden, nicht die übliche emotionale Ausbeutung der Frauen zulassen dürfen.

Svende quält die Trauer darüber, daß Arne sie nicht liebt – viel mehr aber noch, daß sie diese Trauer um jeden Preis vermeiden und hinausschieben will. So kann sie erst trauern, als sie das Scheitern ihrer Versuche, Arne zu verändern, auf sich wirken läßt. Sie sieht, daß es ihr nichts bringt zu kämpfen und neue Taktiken zu ergrübeln, um Arne endlich doch noch umzubauen und sich auf diese Weise den Verzicht zu ersparen.

«Ich liege in meinem Bett und weine um Arne. Endlich kann ich wieder weinen. Vielleicht bringen mich die Tränen, die ich um Arne vergieße, weiter als die Worte, die ich um ihn verliere.» Aber diese Einsicht darf nicht stehenbleiben. Sie muß verleugnet werden: «Nein. So darf ich das auch nicht sehen ... Es steht nicht alternativ. Es gehört beides zusammen. Das Schreiben klarer Sätze ist genauso wichtig wie das Weinen konfuser Tränen.» Verkehrte Welt! Sollte Svende nicht lieber schreiben: Das Weinen klarer Tränen ist genauso wichtig wie das Schreiben konfuser Sätze? Denn ihre Tränen drücken eindeutig aus, wie es ihr mit Arne geht, während ihre Sätze sich immer erneut an der Haßliebe zu ihrem Märchenprinzen verwirren.

Die Satire

Wie der unbekannte Märchenprinz Arne zu dem Bild steht, das in Svende Merians Erzählung von ihm entworfen ist, weiß ich nicht. Die Satire in *‹Ich war der Märchenprinz›* zeigt, welche Fronten der Symbiosekampf schaffen kann. Wo sich Svende wortreich engagiert, macht sich hier der Autor über ihre Konflikte lustig und bestätigt ihre schlimmsten Befürchtungen. Dieser sprechende Arne rechtfertig den stummen, indem er die unausgesprochenen Normen der linken Szene auf die Schippe nimmt.*

«Ich kann mir nur eine fortschrittliche Freundin leisten, mit ausgeprägtem politischem Bewußtsein, die auch einigermaßen auf dem Stand der Diskussion ist, und sie muß in jedem Fall in der Frauenfrage engagiert sein. Wenn sie das nicht ist, dann ist sie auch keine linke Frau, und eine andere kommt überhaupt nicht in Frage. Eine ‹Beziehung›, in der gemeinsam daran gearbeitet wird, daß mein Mackertum abgebaut wird, ist ein absolutes Muß. Jeder, der einigermaßen vorne mit dabei ist, hat so was. Schwierigkeiten in der ‹Beziehung›, die aus der Mackerdiskussion resultieren, erhöhen das Sozialprestige, weil sie anzeigen, wie intensiv man sich mit dem Problem auseinandersetzt.»

Während Svende ihre sexuellen Beziehungen bitter ernst nimmt und sie durch ihren Vollkommenheitsanspruch überlastet, dreht die männliche Satire den Spieß um. Die Gefühle müssen sich dem Modediktat der Szene unterordnen. Die (politische) Arbeit hat allemal Vorrang. Svendes Sehnsüchte sind nicht einfühlbar und von einem tragischen Mißverständnis bestimmt, sondern schlichtweg dumm. Sie ist eben «manisch problem- und konfliktsüchtig».

Während Svende leidenschaftlich mit ihrem Arne umgeht und ihre Gefühle ungeschminkt zeigt, wird die Satire abschätzig und herablassend. «Sie ist dabei, sich einen Traummann zu puzzeln, aber irgendwie ist ihr was durcheinandergeraten, und jetzt versucht sie es unter Zuhilfenahme eines Kriegsschiff-Puzzles. Jedesmal wenn sie ein Stück vom Traummann-Puzzle erwischt, gerät sie schier außer sich vor Freude, weil sie der

* Eine Satire in diesen Deutungszusammenhang einzubeziehen, mag befremdlich scheinen. Aber es geht hier nicht um eine Auseinandersetzung in einer realen Partnerbeziehung, sondern um die «politische» Verarbeitung dieser Konflikte. Daß «Arne» nicht persönlich, sondern in einer Parodie antwortet, ist formal *und* inhaltlich bedeutsam.

Liebe ihres Lebens wieder ein Stück näher gekommen ist.» Als wäre das ganze eine Frage der Intelligenz – «ein Mensch, der so dusslig ist, daß er nicht sieht, daß die Frauenfrage eine Systemfrage ist...»

Dem Emanzipations-Perfektionismus wird offen zugestimmt, um in dieser Deckung den privaten Widerstand auszubauen. «Soll ich ihr ernsthaft mitteilen», fragt sich der Arne der Satire (auf die Frage: «Was willst du von mir?»), «‹nichts, außer, wenn ich mal Bock habe, ficken?› Das kann man nicht machen. Irgendwie ist da die gute Erziehung vor. Und natürlich die Frauenbewegung: die hat uns ja jahrelang intensiv genug eingebleut, daß so 'ne Form von Ausbeutung nun überhaupt nicht mehr angesagt ist und daß man ein ganz verfluchtes Chauvidreckschwein ist, wenn man frau auch nur in Gedanken zu einem Lustobjekt dieser Art degradiert ... Aber die Spontaneität ist dadurch kaputtgegangen. Die Umwege sind noch länger geworden, und gewisse neue Spielregeln sind strikt einzuhalten.»

Die Tragik hinter dem Tod des Märchenprinzen und seiner satirischen Wiederbelebung liegt darin, daß eine auf Gefühlsbeziehungen ausgeweitete Leistungsnorm zu Falschmünzerei führen muß. Wie Frauen den Orgasmus, so spielen Männer Bedürfnisse nach Gespräch und Auseinandersetzung vor. Jeder der Beteiligten spürt, daß er nicht erhält, was er wünscht. Svende tritt mit dem Gestus der Expertin für Beziehungsführung auf. Prompt erwidert die Satire: Wie leime ich den Experten?

Svende will, daß Arne auf sie zugeht, sich öffnet, seine Gefühle ausdrückt. Aber ihre Botschaft kommt nur als Kontrollbedürfnis an. «Am liebsten würde sie immer noch in meinem Kopf eine Eigentumswohnung beziehen und als Concierge tätig sein – die ein und aus gehenden Gedanken kontrollieren und bei Gefallen die von der Frauenbewegung autorisierten Passierscheine abstempeln.»

Svende tut manchmal so, als wären ihre Schwierigkeiten durch Arnes Lernunfähigkeit und Ignoranz entstanden. Sie weint trotzdem um ihn. Die Satire gibt den schwarzen Dummheitspeter zurück. Aber ihr Arne weint nicht. Er ist in seiner zynischen Überlegenheit erstarrt.

Register

Wolfgang Schmidbauer

Die subjektive Krankheit
Kritik der Psychosomatik
304 Seiten. Broschiert

Die hilflosen Helfer
Über die seelische Problematik der helfenden Berufe
256 Seiten. Broschiert

Die Ohnmacht des Helden
Unser alltäglicher Narzißmus
288 Seiten mit zahlreichen Abbildungen. Broschiert

Alles oder nichts
Über die Destruktivität von Idealen
448 Seiten. Broschiert

Helfen als Beruf
Die Ware Nächstenliebe
256 Seiten. Broschiert

Eine Kindheit in Niederbayern
224 Seiten. Gebunden

Weniger ist manchmal mehr
Zur Psychologie des Konsumverzichts
rororo sachbuch 7874

Tapirkind und Sonnensohn
Eine ökologische Erzählung
Aufgezeichnet von Wolfgang Schmidbauer
rororo 5590

Jugendlexikon Psychologie
Einfache Antworten auf schwierige Fragen
rororo handbuch 6198

Ist Macht heilbar?
Therapie und Politik
rororo sachbuch 8329

Jürg Willi

Koevolution

Die Kunst gemeinsamen Wachsens

320 Seiten. Gebunden

«In der Paar- und Familientherapie habe ich für mich grundlegende praktische und theoretische Erfahrungen gemacht, die ich in diesem Buch auf allgemeinere Aspekte menschlicher Beziehungen erweitern möchte.

Ich halte die Zeit für gekommen, differenzierter über Sinn und Ziel von Selbstverwirklichung in einer ökologisch gesehenen Gesellschaft nachzudenken. Einseitig am individuellen Wachstum orientierte Leitbilder drohen die gesunden Regulationsmöglichkeiten menschlicher Beziehungssysteme zu überfordern.

Menschliche Beziehungssysteme sind leicht störbar. Sie müssen wachsam gehegt werden, sonst kippen sie in destruktive Entwicklungen um. Die Lebensgeschichte des einzelnen entwickelt sich nicht in Unabhängigkeit, sondern steht in Koevolution mit anderen Menschen. Sie wird stark bestimmt von hintergründigen Phantasien und Ideen, die ihn mit anderen verbinden und sich zu übergeordneten Prozessen organisieren. Der einzelne wird dargestellt als Artikulationsstätte von ihn weit übergreifenden bewußten und unbewußten Ideenströmen, deren Verwirklichung er sich zur Verfügung stellen kann.»

Hansjörg Hemminger/Vera Becker

Wenn Therapien schaden

Kritische Analyse einer psychotherapeutischen Fallgeschichte
448 Seiten. Kartoniert

Wie kann ein Mensch, der psychologische Hilfe sucht, vermeiden, Psychopfuschern in die Hände zu fallen? Kann man angesichts dieses wild wuchernden Marktes überhaupt noch von einer wissenschaftlich abgesicherten therapeutischen Theorie und Praxis und von einer verantwortlichen Kompetenz der Therapeuten ausgehen? Auf solche immer dringlicher werdenden Fragen geben der Freiburger Verhaltenswissenschaftler Hansjörg Hemminger, bekannt durch seine Bücher «Flucht in die Innenwelt» und «Kindheit als Schicksal?», und Vera Becker, eines der zahl- und namenlosen Therapie-Opfer, Antwort.

«Es geht in diesem Buch darum, vom Einzelschicksal aus Licht auf den Zustand der Psychotherapie insgesamt zu werfen, aus den Einzelerfahrungen allgemeine Schlußfolgerungen zu ziehen und vor allem zu warnen: zu warnen vor der Methodengläubigkeit von Patienten und Therapeuten, vor den damit verbundenen Vorstellungen von wunderbarer Hilfe und helfendem Größenwahn, vor der Verantwortungslosigkeit unkritischer Therapeutenpersönlichkeiten, die selbst bei bestem Willen auf Kosten ihrer Patienten Erfolgsillusionen produzieren, und nicht zuletzt zu warnen vor jenem seelischen Leid, das durch die Psychotherapie erst geschaffen werden kann.»
Hansjörg Hemminger

Marina Gambaroff

Utopie der Treue

208 Seiten. Gebunden

«Ich meine, die Idee von der erfüllenden Beziehung zwischen einem Mann und einer Frau sollte nicht als schiere, historisch bewiesene Unmöglichkeit abgetan werden und damit verlorengehen. Sicher muß sie mit neuem Inhalt gefüllt werden.»

Der Psychoanalytikerin Marina Gambaroff geht es in den zwölf Texten dieses Buches um Utopie und Therapie, um Identität und Realität von Frauen in Beziehungen: zu Müttern, zu Kindern, zu Männern, zu Frauen.

Aus dem Inhalt:

Emanzipation macht Angst / Utopie der Treue / Im Strudel der Regression / Der Einfluß der frühen Mutter-Tochter-Beziehung auf die Entwicklung der weiblichen Sexualität / Um den Preis des Lebens / Über den Einfluß der Lebensgeschichte auf die Geburt / Sexualstörungen – Ausdruck einer Beziehungskrise / Die Sache mit dem Schmutz / Flucht in die Abhängigkeit? / Frauengruppen und ihre Bedeutung für die weibliche Sozialisation / Das emotionale Erleben von Generativität / Schwangerschaftsphantasien